Das S/M-Sicherheitshandbuch
hrsg. von Pat Califia

pat califia, hrsg.

das s/m sicherheits handbuch

ikoo

*Aus dem Amerikanischen
übertragen von Martin Rometsch*

Die Deutsche Bibliothek - CIP-Einheitsaufnahme

Das S/M-Sicherheitshandbuch / Pat Califia, Hrsg. [Aus dem Amerikan.
übertr. von Martin Rometsch]. - Pullenreuth : Ikoo, 1992
  Einheitssacht.: The lesbian S/M safety manual «dt.»
  ISBN 3-88677-950-5
NE: Califia, Pat [Hrsg.]; EST

© 1988 Alyson Publ. Inc., Boston, Mass.
© 1992 Alle deutschen Rechte Brigitte Grabitz, ikoo Buchverlag,
   95704 Pullenreuth **5. Aufl. 1998**
Umschlaggestaltung: Konzeption & Gestaltung, Berlin 21
Foto: Idris Kolodziej, Studio im Ullstein-Haus, Berlin 42
deutsche Medikamente: Dr. rer. nat. Woköck, 8590 Marktredwitz
Herstellung: Druckhaus J. Keltsch, 95632 Wunsiedel
ISBN 3-88677-950-5

Inhalt

7 Dana Rosenfeld: Seelisches Wohlbefinden einer Serva

11 Karen Johanns:
Verkehrswege oder seelisches Wohlbefinden aus der Sicht einer Domina

19 Dana Rosenfeld: Vaginal- und Analpenetration

23 Dorothy Allison: Der Kampf mit dem Kondom

25 Karen Johanns: S/M und Erste Hilfe

39 Dr. Beth Brown:
Durch Geschlechtsverkehr übertragbare Krankheiten bei Lesben

51 Dorothy Allison: »Verdammt!«

53 Cynthia Astuto und Pat Califia:
Du willst also Sadistin werden? Wie man's macht, damit's schön weh tut in einer leichten Lektion

75 Dorothy Allison: Eine kleine Nachtmusik

77 Diane Vera: Neun Stufen der Unterwerfung

81 Diane Vera: Arten des Masochismus und/oder der Unterwerfung

83 Diane Vera: Vertrag über »Sklaverei« auf Zeit

Die Informationen in den folgenden Artikeln geben die Meinung der jeweiligen Autorinnen wieder und sind nicht als offizielle Stellungnahme der Herausgeberin oder des Verlages aufzufassen. Die Autorinnen, die Herausgeberin und der Verlag übernehmen keine Haftung für Unfälle, Verletzungen oder Schäden, die bei der Ausübung der hier beschriebenen Praktiken eintreten können. Medizinische Erkenntnisse sind raschem Wandel unterworfen, wenn neue Forschungsergebnisse oder Techniken verfügbar werden. Die Informationen über Erste Hilfe und Gesundheit entsprechen dem Stand bei der Drucklegung; sie sollten aber durch die neuesten Erkenntnisse ergänzt werden.

Das Material zu diesem Buch wurde zum Teil als Einführungsinformation für neue Mitglieder der »Lesbian Sex Mafia (LS/M)« gesammelt, die 1981 gegründet wurde, um lesbische und bisexuelle Frauen zu unterstützen und zu informieren, die an sogenannten 'politisch unerwünschten Sexualpraktiken' interessiert sind - an phantasiereichen Rollenspielen, Fesseln, Züchtigungen, S/M, Fetischismus, Kostümen, Transvestismus usw. Ich möchte diesen Frauen für ihre Hilfe und Unterstützung bei der Verbreitung dieser Informationen danken.   Pat Califia

Dana Rosenfeld

Seelisches Wohlbefinden einer Serva

Das Problem des seelischen Wohlbefindens einer Serva (einer Masochistin oder Unterwürfigen) betrifft sowohl *das Bild, das sie von sich selbst hat, als auch ihre tatsächliche Rolle bei S/M-Praktiken*. Obwohl diese beiden Arten des Erlebens im Prinzip verschieden sein und unterschiedlich empfunden werden können, gehen sie in der Praxis ineinander über, und viele der folgenden Regeln gelten für beide Bereiche gleichermaßen.

REGEL 1:
Niemand hat das Recht, in dir Schuldgefühle wegen deiner Handlungen zu erwecken, vorausgesetzt, was du tust, ist ungefährlich. Die S/M-Gemeinschaft hat aber erstaunlicherweise ihre eigenen Tabus. Zum Beispiel können Rollentausch, starke Schmerzen, Inzestphantasien, Blutsaugen oder Piß-Szenen spöttische Bemerkungen hervorrufen, die andeuten sollen, daß du *zu weit gegangen* bist. Dies ist keine erotische Demütigung, sondern nichts weiter als rechthaberisch und langweilig. Warum anders sein als die anderen, wenn du nicht genau das bekommst, was dich heiß macht?

REGEL 2:
Niemand kann ohne deine Einwilligung erreichen, daß du dich für schlecht hältst. Sei stolz. Wenn du Hilfe brauchst, um stolz zu sein, dann bitte darum. Wende dich an Leute aus der Szene, sprich mit ihnen.

REGEL 3:
Wenn du das Gefühl hast, daß die servile Rolle zu einer bestimmten Zeit schädlich oder in seelischer Hinsicht negativ für dich ist - verzichte darauf. Es gibt andere Arten von S/M-Spielen und Sexspiele mit teilweise dominantem Einschlag, denen du dich widmen kannst, solange du dich erholst. S/M-Phantasien bei der Selbstbefriedigung und in Gesprächen beim Telefon-Sex oder beim Ficken sowie der Rollentausch sind ein paar Möglichkeiten, S/M-Vorstellungen und -gefühle außerhalb des Üblichen zu wecken, und zudem eine gute Methode, neue Ideen zu testen, um herauszufinden, ob sie beide Partner sexuell ansprechen. Jeder Mensch hat das Recht, eine Pause zu machen.

REGEL 4:
Als Serva wirst du dich wohlfühlen, wenn du dich richtig verhältst. Handle verantwortungsbewußt. Eine Serva, die sich ihrer körperlichen und seeli-

schen Grenzen bewußt ist und weiß, wie ihr Körper reagiert, sollte für eine gute Domina keine Bedrohung darstellen. Wenn du deine Domina völlig unter Kontrolle hast und diese Kontrolle etwas lockern möchtest, stelle dir oder ihr folgende Fragen, bevor du mit dem geilen Spiel beginnst: Habe ich meiner Domina alles über meine Grenzen gesagt, was sie wissen muß? (Zum Beispiel: »Ich bin gerne devot, aber ich kann Bemerkungen über mein Aussehen/meine Rasse/meine Intelligenz nicht ausstehen.« Oder: »Ich genieße Vergewaltigungsphantasien, aber ich mag Inzestphantasien nicht.«) Befriedigt es mich, daß wir während der Handlung aufeinander eingehen können? Ist meine Domina mit den Antworten auf diese Fragen zufrieden?

REGEL 5:
Tu nie etwas, was du nicht tun willst, nur weil Dominas angeblich so selten sind. Zunächst einmal ist das nicht wahr, und zweitens ist dies eine gute Methode, sich scheußlich zu fühlen. Wer mit Aussagen wie »Was soll das heißen - du möchtest gerammelt werden? Du hast doch die *Hosenrolle!*« konfrontiert wird, weiß, wie nützlich lesbische Klischeevorstellungen sein können. S/M-Klischees sind ebenso befreiend, und die Behauptung, Dominas müßten grimmig, humorlos und muskulös sein, hat zur Folge, daß viele gute Dominas, die nicht diesem Typ entsprechen, ignoriert, schlechtgemacht und vernachlässigt werden. Ein ebenso schädliches Vorurteil ist die Behauptung, daß die servile und die dominante Rolle sich gegenseitig ausschließen. In Wirklichkeit genießen viele verantwortliche und sexuell attraktive Menschen in der S/M-Szene beide Rollen. Wegen dieser Klischees solltest du eine geeignete geile Partnerin nicht übersehen oder dich verpflichtet fühlen, mit einer Frau nur deshalb zu ficken, weil einige Leute ihr den Titel *Domina* verliehen haben.

REGEL 6:
Wenn du während der Szene verwirrt oder ängstlich bist, sprich es aus. Wenn du Hilfe benötigst, bitte darum. Eine gute Domina wird zuhören und helfen. Auch wenn du etwas nicht tun willst oder kannst - sprich es aus. Eine gute Domina nimmt das nicht krumm.

REGEL 7:
Bestehe auf deinem Recht, das Spiel abzubrechen, wenn du es für notwendig hälst. Natürlich hat eine Domina das Recht, vor dem Spiel zu erfahren, was für dich ein Grund zum Aufhören ist. Du hast das Recht, jede Inszenierung zu beenden, die du in körperlicher oder seelischer Hinsicht für gefährlich hälst. Du brauchst dich nicht schuldig zu fühlen, wenn du *nicht den Mumm* zum Durchhalten hast. Wenn du aufhören möchtest, dann tu es. Denk auch daran, daß eine Domina das Recht hat, das Spiel zu beenden, wenn sie es für notwendig hält, selbst wenn dies noch so unangenehm für dich sein mag.

REGEL 8:
Finde heraus, wie du während der Szene mit deiner Domina über Probleme und Wünsche offen reden kannst, ohne daß eine von euch wütend wird oder sich schuldig, minderwertig oder angeklagt fühlt.

REGEL 9:
Mach dir klar, daß manche Phantasien sich einfach nicht in die Praxis umsetzen lassen. Eine Vergewaltigungsphantasie kann zu einer Darstellung im Spiel führen, aber nie zu einer echten Vergewaltigung. Wenn du nur vage Wunschvorstellungen hast, bei denen du dich unsicher fühlst, kannst du sie zum Beispiel dadurch testen, daß du sie beim Ficken in Worte faßt.

REGEL 10:
Denk über das nach, was du verlangst. Fordere nichts Unmögliches, um dann deiner Domina vorzuwerfen, sie sei unfähig, es dir zu bieten.

REGEL 11:
Als Serva befindest du dich manchmal in einem anderen Bewußtseinszustand. Sorge dafür, daß deine Domina weiß, was du brauchst, um daraus problemlos aufzutauchen. Ein Spiel muß nicht unbedingt extrem intensiv sein, um eine Serva in den normalerweise flüchtigen Zustand zu versetzen, den manche als *Ausflippen* bezeichnen. Beta-Endorphine, jene wunderbaren Chemikalien, die bei ausgiebigem Joggen oder Züchtigen ausgeschüttet werden, wirken eine ganze Weile (wie wenn man eine Menge Adrenalin schluckt), und eine Erholungspause ist nicht verkehrt. Ebenso kann sich eine Verhaltensänderung nach stundenlangem Sexspiel nicht einfach von selbst zurückbilden, wenn die Szene *offiziell beendet* wird. Man wird nicht durch ein Fingerschnippen vom unterwürfigen, demütigen Kind zur selbstsicheren Erwachsenen. Sowohl die Serva als auch die Domina brauchen Zeit und Kommunikation, um die Fähigkeiten einer normalen, entscheidungsfreudigen Erwachsenen zurückzugewinnen, bevor man die Aktion und die gegenseitige Verantwortlichkeit beider Partnerinnen als beendet ansehen kann. Setz dich hin, reg dich ab, trink eine Tasse Tee. Laß dir Zeit. Oft merkst du erst später, wie high du warst.

REGEL 12:
Schäme dich deiner Bedürfnisse nicht. Ich weiß, es ist schwer; aber du solltest dir selbst schwören, daß es in Ordnung ist, eine Serva zu sein. Sei eine Sklavin, eine Göre, ein Kind, eine Masochistin, eine Piß-Sklavin oder eine Fetischistin - und dann bleib dabei. Mach dich nicht selbst schlecht.

REGEL 13:
Ebenso wie du niemandem erlauben solltest, dich herabzusetzen, weil du eine Serva bist, hat niemand das Recht, dich herunterzuputzen, wenn du die Rol-

len tauschen möchtest. Wenn du dich in der einen Rolle wohlfühlst, wirst du dich auch in der anderen wohlfühlen. Denke daran: Du wirst keine schlechte Serva, wenn du mal die Domina spielst. Aber du wirst eine schlechte Serva, wenn du lügst; wenn du die Grenzen, die Wünsche, den seelischen Zustand deiner Domina mißachtest; wenn du dir keine Mühe gibst; wenn du nicht auf dich selbst achtest (dazu gehört auch, daß du deiner Domina nicht erlaubst, auf dich acht zu geben).

Karen Johanns

Verkehrswege oder seelisches Wohlbefinden aus der Sicht einer Domina

Hast du je S/M-Sex gehabt und den Abend wegen eines Mißverständnisses zwischen dir und deiner Partnerin hastig beendet, obwohl sonst alles in Ordnung war? Hast du dich jemals nach dem Sex irgendwie leer oder unbefriedigt gefühlt, weil die Verständigung nicht reibungslos verlief? Warst du während des Verkehrs mal unsicher, weil du plötzlich gemerkt hast: Du kennst die Bedürfnisse, die emotionalen Höhepunkte, die seelische Verfassung deiner Partnerin nicht wirklich?

In der gegenwärtigen Diskussion über S/M wird außerordentlich viel Wert auf die körperliche Sicherheit und Verhütung von Krankheiten gelegt, und die gewaltige Menge vernünftiger Ratschläge zu allen möglichen Dingen von der risikolosen Fesselung bis zur Elektrofolter ist ein Zeichen für eine gesunde Szene, die sich Gedanken macht.

Doch vielen von uns unterläuft manchmal ein simpler Fehler - wir legen zu wenig Wert auf das seelische Wohlbefinden. S/M ist aber ein gewaltiger Trip, sowohl für den Körper als auch für die Seele. Das Öffnen der Schleusen unserer Phantasie und die Umsetzung unserer Wünsche in die Praxis kann etwas Unheimliches sein, und es ist wichtig, darauf zu achten, daß diese Erfahrung nicht noch unheimlicher wird.

Wenn du meinst, daß dieser Artikel sich hauptsächlich an potentielle Sexpartner wendet, die einander nicht gut kennen, dann hast du recht. Viele dieser Informationen haben jedoch auch für jene Paare große Bedeutung, deren Beziehung schon einige Zeit besteht. Denn wie gut kann man einen anderen Menschen wirklich verstehen? Selbst nach zwei Jahren reden meine Freundin und ich noch viel über Phantasien, Wünsche und Vorlieben; und natürlich ändern sich unsere Gefühle und Phantasien ständig!

Ich gebe keine Garantie darauf, daß du nie wieder durch unruhige Gewässer segeln mußt, wenn du diese Richtlinien für seelisches Wohlbefinden befolgst; aber es könnte sein, daß du manche unruhigen Stellen als etwas sanfter empfindest.

Da dieses Kapitel aus der Sicht einer Domina geschrieben wurde, wirst du feststellen, daß es sich in erheblichem Umfang auch an Dominas wendet. Aber du kannst unbesorgt sein - es gibt trotzdem viele Informationen für alle Devoten und Masochisten.

Wie man S/M-Sex vorbereitet

Du hast also eine Frau gefunden, die du wirklich gern vernaschen würdest. Sie ist attraktiv und faszinierend, und vor allem ist sie ein Serva-Typ. Du hast dich diskret erkundigt, ob sie zu haben ist, und hast dich an sie herangemacht. Jetzt versucht ihr beide, einander eure Bedürfnisse nahezubringen. Da ihr in einer Gesellschaft aufgewachsen seid, die uns beibringt, nicht über Sex und sexuelle Bedürfnisse zu sprechen, kann dies bereits eine gewaltige Aufgabe sein. Wenn du nicht das Glück hast, einer Frau zu begegnen, der es gelungen ist, diese Barrieren zu durchbrechen und unverblümt über ihre Gefühle zu reden - wie stellst du es an, die notwendigen Informationen über deine potentielle Serva zu sammeln, sie nicht zu sehr zu beunruhigen und sie heiß zu machen?

Es gibt verschiedene Wege, dies zu erreichen, je nachdem, worum es dir geht (ob du sofort Sex haben willst oder erst später, ob ihr euch persönlich gegenübersitzt oder nicht usw.). Zumindest solltest du herausfinden, ob sie gesundheitliche Probleme hat, was sie erwartet und welchen Aktivitäten sie keinesfalls zustimmen möchte.

Die Kinsey-Methode
Eine Sex-Befragung kann Spaß machen, besonders dann, wenn man sich klarmacht, daß der *Fragebogen* einen heißen Ausflug in einen Kerker zur Folge haben kann und nicht zur Ablage in einem Ordner gedacht ist.

Bring sie dazu, sich hinzusetzen - auf den Boden, wenn du Wert auf Unterwürfigkeit legst -, nimm Kugelschreiber und Notizblock zur Hand, mach ein amtliches Gesicht und frag sie:
»Hast du gesundheitliche Probleme? Asthma? Benutzt du einen Inhalator? Sonst noch was? Bist du sicher?« und so weiter.

Eine Domina, die sich im S/M-Sicherheitseinmaleins auskennt, kann jetzt beurteilen, welches Spielzeug und sonstige Gegenstände wegen der gesundheitlichen Situation dieser Frau ungeeignet sind. (Wenn sie Asthma hat, sollte man selbstverständlich Knebel beiseitelegen, und der Inhalator sollte sich in Reichweite befinden. Wenn sie ihre Lungen reinigen möchte, solltest du sie losbinden und ihr erlauben, sich aufrecht hinzusetzen.) Mit dieser Methode kannst du noch viel mehr über sie herausfinden. Hier ist eine Liste von Fragen, die du deiner potentiellen Partnerin stellen kannst:
1) Magst du es, wenn's weh tut? Wie sehr? (Verwende eine Skala, wenn du eine genaue Vorstellung haben möchtest.)
2) Was macht dich richtig geil?
3) Gibt es etwas, was wir tun könnten, weil es deine Neugier erregt, obwohl du davor Angst hast?
4) Was stößt dich absolut und eindeutig ab?

Und so weiter. Stelle einen eigenen Fragenkatalog zusammen, der deinem Informationsbedürfnis entspricht. Hör dann genau zu, wenn sie antwortet.

Wenn du nicht sicher bist, was sie meint, bitte um Klarstellung. Und vergiß nicht, für eine Domina-Situation zu sorgen, die dein persönliches Flair aufweist. Du kannst eine bestimmte Stellung von ihr verlangen, darauf bestehen, daß sie dich *Herrin* oder *Madame* nennt, wenn du darauf abfährst, du kannst ihr ein Halsband anlegen und so fort. Dieses Verfahren muß nicht wie ein Vorstellungsgespräch ablaufen, es sei denn, du möchtest es so haben!

»Erzähl mir was«
Setz dich in einen bequemen Sessel und hör zu, wie sie ihrer Phantasie bei einer schmutzigen Geschichte freien Lauf läßt. Achte genau darauf, worauf sie Gewicht legt; denn daraus kannst du gewöhnlich schließen, was sie am meisten erregt. Suche nach dem Knackpunkt in der Erzählung: Wird sie bestraft oder belohnt? Handelt es sich um eine realistische Szene zwischen dir und ihr, oder bist du die Äbtissin eines Klosters von Bettelnonnen, die eine störrische Novizin bestraft? Unterbrich sie ab und zu, wenn du wichtige Fragen hast (»Und was für ein Ding hat man in dich reingesteckt, mein Schatz?« oder: »Mit welchem Gegenstand hat man dich gezüchtigt?«); aber laß ihren Phantasien freien Lauf. Wenn die arme Kleine vor Scham ins Stocken gerät, kann ein Klaps auf die Finger mit dem Lineal der Hochwürdigen Mutter eine wunderbare Aufmunterung sein.

Natürlich mußt du noch ihren Gesundheitszustand und ihre körperlichen Grenzen herausfinden. Ich brauche wohl nicht zu betonen, daß ihr euch nicht von Angesicht zu Angesicht gegenübersitzen müßt. Laß dich von den Telefonsex-Profis inspirieren und bring die Leitung zum Kochen, wenn du darauf stehst.

Porno-Autor
Wenn ihr nicht sofort mit dem Sex beginnt und wenn sie echte Schwierigkeiten hat auszudrücken, was sie will und was nicht in Frage kommt, laß es sie zu Papier bringen. Du kannst sie auch veranlassen, eine separate Liste all dessen, was keinesfalls in Betracht kommt, und eine Liste der Gesundheitsstörungen, die sie vielleicht hat, beizufügen. Sie kann dir diese köstlichen Schriftstücke dann persönlich überreichen oder per Post zusenden. Wenn du weißt, daß es sie heiß macht, gedemütigt zu werden, und wenn du eine strenge Lehrerin sein möchtest, kannst du den Text mit einem Rotstift korrigieren, Rechtschreibung, Grammatik und Schrift zensieren und das ganze mit einem Kommentar, der deines Deutschlehrers im Gymnasium würdig wäre, zurückschicken.

Natürlich muß alles, was auf Band genommen oder geschrieben wird, mit äußerster Diskretion behandelt werden, und wenn sie die Blätter zurückverlangt, solltest du sie ihr geben.

Dies sind nur einige Anregungen, wie man S/M-Sex vorbereitet. Wenn sie dir nicht gefallen, mach dir deine eigenen Gedanken!

Wie du deine Bedürfnisse ausdrückst

Jetzt bist du an der Reihe. Du hast dieser Frau eine Menge persönlicher Informationen abverlangt, nun ist es an der Zeit, daß du darüber sprichst, was du brauchst und erwartest; was du über das denkst, was du tust; was dich geil macht und was du beim Sex tun oder lassen willst.

Wenn dein eigentliches Bedürfnis darin besteht, eine Frau zu finden, die richtig durchgeprügelt werden möchte, dann sprich es klar und deutlich aus. Vor allem unterwürfige Frauen sind vielleicht nicht das Richtige für dich. Wenn ihr Phantasie ins Spiel bringen wollt und die Serva möchte eine Hure in einem Bordell sein, während du gern ein Offizier wärst, der einen Gefangenen verhört, solltest du dir zweimal überlegen, ob das durchführbar ist. Wenn es für dich irgendwelche Einschränkungen gibt - zum Beispiel, daß nicht gefickt wird -, sag ihr das ganz deutlich, damit sie nicht enttäuscht ist. Wenn du ein Preußengeneral sein möchtest, kannst du für die Szene eine Liste von Regeln aufstellen (»Sprich nur, wenn du gefragt wirst«; »Sag Herrin zu mir« usw.), während sie geduldig auf den Knien wartet. Wenn sie meint, daß das nicht klappt, sei nicht beleidigt; du solltest ihr vielmehr dankbar dafür sein, daß sie sich bemüht, euch beiden eine Enttäuschung zu ersparen. Du mußt deine Seele nicht entblößen; versuche aber, erste Mißverständnisse zu vermeiden.

Sicherheitswörter

Ein Schlüsselwort, auf das sich alle, die an einer Sexszene teilnehmen, geeinigt haben, dient verschiedenen Zwecken. Einmal gibt es der Serva die Sicherheit, eine Kontrollmöglichkeit zu haben, auf die sie zurückgreifen kann, wenn sie sich jemals in einer körperlichen oder emotionalen Lage befinden sollte, die das für sie erträgliche Maß überschreitet. Man gerät in einen wundervoll friedlichen seelischen Zustand, wenn man weiß, daß man sich einer sehr theatralischen Szene hingeben kann («O nein! O Herrin, tun Sie das bitte nicht!« usw.) und daß die Szene nicht abgebrochen wird, solange man der Partnerin oder den Teilnehmern kein genau festgelegtes Stichwort gibt. Die Domina wird so daran erinnert, daß es Grenzen gibt, und sie wird der Verantwortung enthoben, hellseherische Fähigkeiten als Bestandteil ihres Repertoires zu entwickeln. Eine geschickte und sensitive Domina sollte jedoch in der Lage sein, eine allseits befriedigende Sexszene fortzusetzen, ohne eine Serva zum Gebrauch solcher Codewörter zu nötigen.

Am besten verständigt man sich auf Wörter, die nicht zum üblichen Sprachgebrauch während einer Sexszene gehören. Wörter wie *nein, halt, au* und so fort sind also kaum geeignet. Wenn du jedoch beim bloßen Gedanken schauderst, ein Sexspiel abzubrechen, weil jemand »Essig« ruft - beruhige dich, es gibt einen Mittelweg.

Ich habe die Erfahrung gemacht, daß ich am besten drei Wörter oder Sätze benutze, die es mir erlauben, die seelische Verfassung einer Serva einzuschätzen: Eines, das bedeutet »Halt dich bei der körperlichen Züchtigung etwas mehr zurück«, eines für »Diese Schläge kann ich seelisch nicht verkraften« und eines für »Hör *sofort* auf, mit allem«.

Die Wörter, die ich bevorzuge, sind *Gnade* für die gewünschte körperliche Linderung, *grausam* oder *du bist grausam* für die seelischen Probleme und *mein Vorname* für das vollständige Ende allen Treibens.

An dieser Stelle möchte ich dich davor warnen, Schuldgefühle zu entwickeln, wenn ein Sexspiel, aus welchen Gründen auch immer, plötzlich abgebrochen wird. Dafür kann es viele Gründe geben, auf jeden Fall ist es das gute Recht einer Serva. Muß ich hinzufügen, daß eine Domina, die Sicherheitswörter mißachtet oder einer Serva die Hölle heiß macht, wenn sie eine Szene abbricht, nicht nur gefühllos, sondern gefährlich ist? Auch eine Domina kann aus verschiedenen Gründen das Bedürfnis haben, eine Sexszene zu beenden, und die Serva sollte darauf ebenso Rücksicht nehmen.

Ich brauche wohl nicht darauf hinzuweisen, daß die Vereinbarung von Sicherheitswörtern die Domina nicht der Verantwortung enthebt, auf das körperliche und seelische Wohl ihrer Partnerin zu achten, indem sie sich stets bewußt ist, was zwischen beiden vor sich geht.

Emotionale Krisen

Seelische Wunden zu berühren, auch wenn es ohne Absicht geschieht, kann das heißeste Sexspiel ruinieren. Versuche deine Partnerin so gut kennenzulernen, daß du imstande bist, diesem Problem auszuweichen oder, wenn es angezeigt ist, dich ihm so gefühlvoll wie möglich zu nähern. Viele Frauen haben durch Vergewaltigung, Mißhandlungen, Aufenthalt in Heimen oder andere schreckliche Dinge, die eine frauenfeindliche Gesellschaft uns aufzwingt, ein Trauma erlitten. Wenn deine potentielle Partnerin zum Beispiel als Kind mißhandelt wurde oder ein inzestuöses Verhältnis durchgemacht hat, solltest du nicht ungebeten versuchen, eine Eltern-Kind-Szene zu arrangieren.

Viele von uns verwenden S/M-Spiele und -phantasien zur inneren Reinigung und Heilung; aber die Domina sollte dies *nie* von sich aus tun, ohne mit der beteiligten Serva darüber ausführlich und ernsthaft zu sprechen. Die potentielle Domina in einer solchen Szene sollte sich auch darüber im klaren sein, daß derartige Spiele sehr starke Energien freisetzen und von Tränen, Kämpfen und emotional belasteten Dialogen begleitet sein können. Wenn du den geringsten Zweifel daran hast, Sexszenen dieser Art bewältigen zu können, verzichte darauf! Nur wenige Dinge können erschütternder sein als der Versuch einer Serva, innerhalb eines S/M-Spiels ein vergangenes Trauma aufzuarbeiten, oder mitzuerleben, wie eine Serva plötzlich die damit verbundenen emotionalen Probleme nicht mehr aushält und zusammenbricht.

Wenn ihr beim Spiel seid und die Serva auf einmal zu weinen oder frei über ihre Gefühle zu reden beginnt, solltest du unbedingt gut zuhören, sie ermutigen und ihr versichern, daß sie nicht in Gefahr ist. Tränen bedeuten fast nie, daß eine Szene mißglückt ist; sie sind eher ein natürlicher Weg, schwierige emotionale Probleme zu lindern.

Viele Servas spielen gern mit brisanten, gefühlsbetonten Phantasien, und Dominas, die solche Szenen anfangen und dann nicht zu Ende führen wollen, weigern sich, an den Erfahrungen ihrer Partnerinnen teilzunehmen. Und wer hemmungslos die Gefühle seiner Partnerin verletzt, sollte sich vielleicht darauf beschränken, dominant zu ausgestopften Tieren oder anderen leblosen Objekten zu sein.

Abschluß

Du hast deinen Spaß gehabt, das geile Spiel ist zu Ende, an die Stelle der Devoten und der Domina sind zwei gleichwertige Frauen getreten. Was nun? Wie findest du die feine Trennlinie zwischen peinlicher Stille und dem Zerreden der Begegnung?

Ich finde es immer angenehm und nützlich, meiner Partnerin sofort zu erzählen, wie sehr ich unsere Begegnung genossen habe, oder - wenn das nicht so ganz stimmt - diejenigen Aspekte hervorzuheben, die mir am meisten gefallen haben. Als sexuelle Außenseiterinnen ist es für uns wichtig, einander aufzubauen und uns gegenseitig soviel positives Echo zu unserem Sexualverhalten zu geben wie nur möglich; denn wir können uns nicht darauf verlassen, daß die Gesellschaft im allgemeinen oder selbst unsere Schwestern außerhalb der S/M-Szene dies für uns tun. Ich frage meine Partnerin auch, ob irgendetwas in unserem Spiel sie besonders erregt, abgestoßen oder erschreckt hat. Auf diese Weise kann ich mir einen Eindruck davon verschaffen, wer diese Frau wirklich ist oder auch nicht. Aber Servas sollten vorsichtig sein: Zuviel Kritik oder ein Echo, das mit zu vielen negativen Worten verbunden ist, kann das Selbstvertrauen einer Domina untergraben, die hart arbeiten muße, um dir Vergnügen zu bereiten und sich trotz eines sozialen Stigmas dabei wohlzufühlen.

Versuche, die Szene nicht zu zerreden. Es ist wichtig und macht sogar Spaß, miteinander zu reden, wenn das Spiel beendet ist; aber das Wichtigste daran waren die Gefühle in körperlicher, emotionaler und sexueller Hinsicht. Wenn man zu viel über eindeutig persönliche Dinge redet, entwertet man das S/M-Spiel durch ein Gespräch, das eher der Diskussion über den neuesten Film gleicht.

Es ist schmerzlich, zurückgewiesen zu werden. Wenn du entschlossen bist, die Beziehung nicht fortzusetzen, dann sage deiner Partnerin nicht, daß du sie anrufen wirst, obwohl du es nicht beabsichtigst, und verkünde ihr auch nicht auf der Stelle, daß ihr deiner Meinung nach nicht zueinander paßt. Wenn eine Partnerin sich später bei der anderen um eine weitere Begegnung bemüht, sollte sie nicht schon abgewiesen werden, während ihr beide die Zigarette danach raucht oder einen Happen eßt.

Ein Wort an devote oder masochistische Servas

Ihr habt doch wohl nicht geglaubt, ihr könnt mir entwischen - oder?
   Im Ernst - es gibt einiges, worüber ihr alle nachdenken solltet. Eine sorgfältige, aufmerksame Domina macht gewöhnlich eine Menge Hausaufgaben, um eine Begegnung mit dir vorzubereiten. Zudem trägt sie die Hauptverantwortung für dein körperliches und seelisches Wohl. Und schließlich trägt jede Domina das Stigma der Angst der Gesellschaft vor ihrer sexuellen Neigung. Es gibt einiges, was du, liebe Serva, tun kannst, um die Bürde deiner speziellen Domina ein wenig zu erleichtern:

Erstens: Sprich mit ihr! Versuche klar auszudrücken, welche Bedürfnisse du hast. Was erwartest du von einer Begegnung und insbesondere von dieser Frau? Nenne deine Grenzen eindeutig. Sage nicht, du stehst auf starke Schmerzen, wenn du in Wahrheit nicht mehr willst, als gefesselt und ein bißchen gezüchtigt zu werden. Die Domina, erfreut darüber, mit einer Partnerin zusammen zu sein, die kräftig gepeitscht werden will, wird niedergeschmettert sein, wenn du beim ersten Schlag ihrer Peitsche dein Sicherheitswort herauskreischst. Wenn du aber an unerwünschten körperlichen oder seelischen Schmerzen zu leiden beginnst, laß es sie wissen. Wenn du versuchst *durchzuhalten* und es dir nicht gelingt, ist es viel besser, darüber zu reden, als ihr hinterher böse zu sein.

Zweitens: Sei ehrlich! Wenn du nach einem Gespräch mit einer potentiellen Partnerin erkennst, daß eure Bedürfnisse zu unterschiedlich sind, scheue dich nicht, diejenige zu sein, die sagt: »Ich glaube nicht, daß es mit uns klappt.« Wenn du es nicht sagst, wirst du wahrscheinlich eine Enttäuschung erleben. Gib dich nicht erfahren, wenn du Anfängerin bist. Erfahrene Dominas gehen mit unerfahrenen Servas in der Regel anders um als mit erfahrenen, und es lohnt sich einfach nicht, solche Mißverständnisse hervorzurufen.
   Wenn das Sexspiel zu Ende ist, sprich ehrlich über deine Gefühle. Wenn du jede Sekunde genossen hast, sage es ihr. Wenn es Probleme gegeben hat, sprich darüber; aber bitte erzähle nicht allen außer der Betroffenen, wie schrecklich es war. Es ist nicht schön, die negative Meinung einer Devoten von dritter Seite zu hören.

Drittens: Respektiere die Grundregeln! Wenn eine Domina klar und deutlich sagt, daß sie eine Partnerin sucht, die weiß, wie man devot ist und Befehle ausführt, während du eher eine ungezogene Göre sein willst, die man mit in den Holzschuppen nehmen muß - bist du dann wirklich fair? Manche Dominas sind scharf auf Masochistinnen, die einen brennenden Hintern mögen, andere sind es nicht. Wenn eine Domina sagt, daß es ihr auf ein bestimmtes Verhalten ankommt oder daß sie dir in bestimmter Hinsicht (zum Beispiel mit Genitalkontakten) nicht dienlich sein kann, sei rücksichtsvoll und geh entweder auf ihre Wünsche ein oder fang gar nicht erst mir ihr an.

Viertens: Reagiere! Die meisten Dominas sind nicht nur geil auf S/M wegen der Dinge, die sie selbst tun, sondern auch wegen der Reaktionen, die sie hervorrufen. Ich sage nicht, daß du dir die Lungen aus dem Leib schreien oder die Brust zerschlagen sollst. Aber eins ist doch klar: Es macht keinen Spaß, ein totes Pferd zu treten. Die Geräusche, die du von dir gibst, die Bewegungen deines Körpers, der Ausdruck in deinen Augen - all das sind mächtige Aphrodisiaka für viele Dominas. Laß es sie wissen, wie du dich fühlst - vor allem dann, wenn's schön weh tut!

Da jede Erörterung der Frage des seelischen Wohlbefindens subjektiver ist, als wenn es sich um körperliche Belange handelt - bei letzteren geht es gewöhnlich um medizinische Tatsachen -, werden viele von euch mit diesem Artikel ganz oder teilweise nicht einverstanden sein. Ich kann nur aus meiner eigenen Erfahrung als ehemalige Serva und jetzige Domina (die gelegentlich noch wechselt) sprechen, hoffe aber, daß Artikel wie dieser S/M-Interessierte zur Diskussion anregen, um noch mehr Sicherheit und Vertrauen in unsere Gemeinschaft zu bringen.

Dana Rosenfeld

Vaginal- und Analpenetration

Es gibt viele Illusionen über die Praxis der Vaginal- und Analpenetration, wie die schmerzhaften Folgen gefährlicher Fickabenteuer belegen. Mit der häufigste Irrglaube in Bezug auf Penetration ist, daß sie keiner Vorkehrungen bedarf, weil Ficken ja etwas Natürliches ist. Klar, Ficken *ist* natürlich; aber wenn man es *auf natürliche Weise* praktiziert, das heißt, ohne Handschuhe und Gleitmittel zu verwenden, kann es ziemlich gefährlich sein und unangenehme Folgen haben: Schürfwunden, Blutergüsse, Quetschungen, Zerrungen, Risse in den Vaginalwänden (oder in den Wänden des Gebärmutterhalses), Gebärmutterschäden, Einrisse im Perineum (im Damm zwischen Arschloch und Möse) und Infektionen der Scheide. Natürlich kann man auf ein künstliches Gleitmittel allergisch reagieren. All das wirkt zuweilen traumatisch und kann bei Frauen Angst vor der Penetration hervorrufen. Aber solches Mißgeschick läßt sich vermeiden, wenn man ein paar einfache Regeln beachtet.

Man kann viele Dinge zur Penetration benutzen: Finger und/oder die Hand, die Zunge, einen Dildo, Analstöpsel, einen Penis und zahllose andere Objekte in geeigneter Form. Es erübrigt sich wohl zu sagen, daß alles mit scharfen Kanten gemieden werden muß, ebenso Dildos mit Drähten. Alles, was man vaginal oder anal einführt, muß geschützt werden. Hände kann man mit Plastik- oder Gummihandschuhen schützen, einen Dildo oder Penis mit Kondom, die Zunge mit Zahnschützern (viereckige Latex- oder Gummistücke, die Zahnärzte während der Arbeit um gefährdete Zähne des Patienten legen; erhältlich in Geschäften für Dental-, manchmal auch für medizinischen Bedarf). Die gleichen Geschäfte führen Untersuchungshandschuhe (achte darauf, daß sie deine Größe haben). Wenn du sie schachtelweise kaufst, sind sie billiger. Alle diese Schutzmittel sollte man benutzen, um der Übertragung von Krankheiten vorzubeugen und Verletzungen zu verhindern. Mehr davon später.

Obwohl alle Frauen im Dunkeln gleich aussehen, trifft dies auf Mösen nicht zu. Die erste Faustregel (entschuldigt den Ausdruck) lautet daher: Lerne die Möse deiner Partnerin kennen. Welche Form hat sie? Wie weit ist der Gebärmutterhals entfernt und wie gut kann man ihn erreichen? Ist er geschützt oder besteht eine eindeutige und akute Gefahr, ihn einzudrücken oder zu zerkratzen? (Ein verletzter Gebärmutterhals ist kein Vergnügen - laßt euch das von einer gesagt sein, die es weiß.) Dasselbe gilt für die Gebärmutter. Schnitt- oder Kratzwunden am Pißloch können dazu führen, daß Urin in die Wunde gelangt.

Wie straff ist die Möse, wenn man sie untersucht? Ist die Schleimhaut zwischen dem Schambein und dem eingeführten Objekt - sei es die Hand, ein Dildo oder ein Stock - leicht verletzlich? Achte auf deine Handknöchel. Wenn deine Finger nicht lang genug sind und die Gefickte nach mehr schreit (höflich, hoffe ich), gerätst du vielleicht in Versuchung, die Handknöchel an den Wänden der Scheide zu reiben, was zu Verletzungen führen kann. Ist der Gegenstand, den du benutzt, andererseits *zu* lang, kann der Gebärmutterhals verletzt werden. Finde heraus, wo bei deiner Partnerin die Grenzen liegen, und bewahre ein wachsames Auge. Du kannst auch ein Stück Meßband am eingeführten Objekt befestigen, um die optimale Tiefe der Penetration zu kontrollieren.

Denke daran, *daß Mösen ihre Form ändern, je nachdem, an welchem Punkt im Menstruationszyklus sich eine Frau befindet und wie erregt sie ist.* Nach einem Orgasmus können Mösen sich beispielsweise zusammenziehen, und meist tun sie es auch. Prüfe immer wieder die Form der Möse mit der Hand und glaube nicht, daß du jedesmal gleich viel hineinstecken kannst - dies trifft nicht einmal während desselben Verkehrs zu.

Zwinge nie zuviel hinein, weder zu Kontrollzwecken noch aus Sadismus. Schmerzen weisen auf Verletzungen hin, aber du kannst auch Stellen der Vagina oder des Afters beschädigen, die nicht über Rezeptoren zur Schmerzleitung verfügen.

Du mußt dich schon ziemlich dumm anstellen, um Verletzungen zu verursachen, die schlimmer sind als die am Anfang dieses Kapitels genannten. Zum Beispiel mußt du recht scharfe Fingernägel haben, um eine Arterie zu verletzen; aber zu Kratzwunden oder Blutergüssen kommt es schneller, als man denkt. Und somit sind wir zwangsläufig bei der Frage der Vorbeugung, um die es im folgenden geht.

Verwende Handschuhe, wenn du heftig fickst. Vorspiel und langsames Ficken sind auch ohne Handschuhe ungefährlich; aber alles, was darüber hinausgeht, erfordert Handschuhe. Du kannst dich auch selbst schneiden und zerkratzen, während du in Aktion bist. Es ist unabdingbar, die Hände zu schützen. Vor jedem genitalen oder analen Kontakt gilt: Prüfe deine Hände und achte darauf, daß die Nägel kurz, rund und glatt sind - keine scharfen Kanten. Handschuhe haben den Zweck, sowohl die Fickerin als auch die Gefickte zu schützen, indem sie das Eindringen von Körperflüssigkeiten in Schnitt- oder Kratzwunden an den Händen verhindern. Steck *niemals* die Hand - mit oder ohne Handschuh - erst in den Arsch und dann in die Möse, ohne zuvor den Handschuh gewechselt oder die Hand mit Seife (am besten eine Seife wie Betaisona oder Braunovidon) und heißem Wasser gewaschen zu haben. Etwas in die Möse und danach in den Arsch zu stecken, ist unbedenklich.

Kondome auf Dildos und ähnlichen Objekten dienen dem gleichen Zweck: Sie verhindern die Übertragung von Krankheiten; sie machen die Reinigung des Spielzeugs leichter und den Gebrauch bei verschiedenen Personen ungefährlich und verringern das Verletzungsrisiko. Verwende nie dasselbe Kon-

dom oder denselben Handschuh zweimal. Doch nichts verringert die Gefahr, Arsch oder Möse zu zerkratzen oder wund zu scheuern, so sehr wie unser guter Freund, das *Gleitmittel*.
Verwende Gleitmittel in großen Mengen. Vor allem an Arschlöchern, weil die über keine natürliche Schmierung verfügen. Wenn du Arschlöcher fickst, drück vorher das Gleitmittel mit den Fingern hinein. Du verwendest es, um einem Zerreißen der Haut und Schürfwunden vorzubeugen; verteile es deshalb über deine ganze Hand, auch über den Handrücken. Veranstalte eine Gleitmittelorgie und hab deinen Spaß daran.

Gleitmittel auf Ölbasis können in der Möse zurückbleiben und einen Nährboden für allerlei garstige Viren darstellen. Vaseline sollte man nie vaginal benutzen; im Arsch ist sie unbedenklich. Femilind ist beim kräftigen Faustficken am besten, und manche Frauen haben kein Problem mit der Verträglichkeit. Falls doch, hilft manchmal eine Dusche nach dem Ficken. Probiere auch andere Gleitmittel aus. Suche nach einem in einer Tube oder in einer Spritzflasche. Nimm dich vor Chemikalien in acht, die allergische Reaktionen hervorrufen können. Ein Gleitmittel, das du verträgst, kann bei deiner Partnerin unangenehme Folgen haben. Patentex-Vaginal-Gel enthält Nonoxynol-9, das das AIDS-Virus abtötet, und ist ein gutes Gleitmittel. Du solltest dich wirklich bemühen, ein dir genehmes Präparat zu finden, ein anderes würdest du doch bald nicht mehr verwenden.

Analpenetration kann Spaß machen und der Erziehung dienen. Sie muß nicht wild und übertrieben heftig sein. Ein paar Hinweise dazu: Das Wichtigste ist, daß der Enddarm einen Knick macht, dem Dildos nicht folgen können. Es kann richtig wehtun, wenn man gegen diese Wand stößt. Was Mösen betrifft, solltest du ihre Grenzen herausfinden und beachten. Zweitens: Achte sorgfältig darauf, daß dir das Ding, das du in den Arsch stopfst, nicht aus der Hand rutscht, denn es könnte verlorengehen (bei Mösen ist das anders, dort gibt es nicht genügend Platz, um etwas zu verlieren). Wenn du doch einmal ein Objekt in dieser interessantesten aller Öffnungen verlierst, *versuch nicht, es mit einem Einlauf heraus zu bekommen.* Laß dir Zeit, entspann dich. Setz dich aufs Klo und lies den Artikel über Erste Hilfe. Möglicherweise mußt du zu deinem freundlichen Arzt in der Nachbarschaft gehen - aber es gibt Schlimmeres. Denk praktisch und hab keine Angst.

Hüte dich ganz besonders davor, den Arsch zu verletzen; denn wenn Kot in die Wunde gelangt, kann dies zu Bauchfellentzündung führen, und das wäre schlimm, *sehr schlimm*. Es empfiehlt sich, vor dem heißen Spiel einen Einlauf zu machen (bitte nur mit warmem Wasser). Die meisten Arschlöcher, verspottet und vernachlässigt, wie sie nun mal sind, haben nicht die Praxis im Ficken, die Vaginen haben, und sind deshalb empfindlicher und gelegentlich auch unwillig. Sei geduldig. Es kommt nicht darauf an, wieviel reingeht, sondern was die glückliche Partnerin dabei empfindet. Ein kleines Ding kann sich durchaus großartig anfühlen.

Behandle die zarte Haut um den After behutsam. Und nochmals: Nimm

ein Gleitmittel. Denk daran: *Das Gleitmittel ist dein Freund; gebrauche es.* Wenn du gern mehr über Arschlöcher wissen möchtest (und als echte Perverse solltest du), empfehle ich dir *Anal Pleasure and Health (Analvergnügen und Gesundheit) von Jack Morin, Yes Press, 1986).*
Was das Faustficken angeht, denk daran, daß manche Leute es einfach nicht ertragen können. Aber viele mögen es - zu ihrer eigenen Überraschung. Mösen haben verschiedene Formen und Größen, ebenso wie Hände. Faustficken ist einfach eine Frage der Anatomie. Darum gilt: sachte, sachte. Sei um Himmels willen nicht hastig. Wer heutzutage jemanden ohne Handschuhe und Nonoxynol-9 faustfickt, ist bescheuert.

Laß dich warnen: Mach's *nicht, nicht, nicht* so, daß du erst deine Hand zur Faust schließt und sie dann einführst. Man macht das raffinierter und mit mehr Gefühl, indem man diese Öffnung in einen Zustand des Deliriums versetzt und die Finger *einen nach dem anderen* hineinsteckt. Wenn sie erst einmal drin sind (ah, du süßes Mysterium des Lebens!), *formen sie von selbst eine Faust.* Wenn das nicht so ist, hast du es entweder mit einem sehr großen After zu tun oder deine Hand paßt einfach nicht. Das ist eine höchst delikate Angelegenheit, in psychischer wie in physischer Hinsicht. Wenn du merkst, daß du fast drin bist und etwas nicht stimmt, versuch den Winkel deines Armes zu ändern.

Wenn du alles so gemacht hast, wie ich es erklärt habe, sollte es kein Problem mehr geben. Und doch werden Mösen und Ärsche hin und wieder verletzt. Manchmal merkt man erst, daß man eine Kratz- oder Schürfwunde hat, wenn die Möse anzuschwellen beginnt. Die damit verbundenen Schmerzen sind darauf zurückzuführen, daß alles anschwillt und sich verkrampft, weil der Körper Blut zur verletzten Stelle schickt, um sie zu heilen. Wenn es dazu kommt, sieh nach, ob Blut austritt. Bei einer starken Blutung holst du am besten tief Luft und gehst zu einem Arzt - trödle nicht herum in der Hoffnung, es werde sich schon von selbst bessern. Möglicherweise muß die Verletzung genäht werden. Wenn nur ein bißchen Blut aus der Scheide tropft, leg eine Eiskompresse darauf, nimm ein Schmerzmittel (aber kein Aspirin, weil es das Blut verdünnt und somit die Blutungszeit verlängert) und warte ab. Macht euch gegenseitig Mut, beschuldigt niemanden und dreht nicht durch. *Warte mindestens eine Woche, bevor du wieder fickst.* Wenn Blut aus dem Hintern fließt, egal wieviel, geh zum Arzt - sofort.

Das war's. Viel Vergnügen!

Dorothy Allison

Der Kampf mit dem Kondom

»Schau dich an!« A.J. ging auf und ab und schlug ihre Handschuhe bei jedem ihrer genau abgemessenen Schritte gegen die Schenkel: »Du bist schmuddelig!«
 Jamie zuckte zusammen, blickte aber starr nach vorn und hielt die Arme unbeweglich an der Seite. Es stimmt, sie wußte es. Wenn sie noch einmal hören würde, wie diese kalte Stimme zu ihr sagt:
 »Schmeiß dich auf den Boden und nimm deine Fünfzig in Empfang!«, würde sie sich übergeben müssen.
 Sie triefte von Schweiß, und ihre Schenkel waren klebrig vom Mösensaft, der sich angesammelt hatte. Das Spiel dauerte jetzt schon gut zwei Stunden, und Jamie wußte nicht, wie lange sie noch in dieser Stellung bleiben konnte. Sie zitterte vor Verlangen; ihr Mund war weich und bereit, über die Wölbung in A.J.s Hose herzufallen. Ihre Möse sehnte sich nach A.J.s Faust und ihr Arsch juckte vom Schweiß, der ihr den Rücken hinunterlief. Sie wollte auf die Knie fallen, ihren Mund auf A.J.s Stiefel drücken und darum bitten, gefickt zu werden.
 »Ficken Sie mich bitte, Herr«, hörte Jamie sich flüstern und erstarrte vor Schreck. A.J.s Gesicht befand sich unmittelbar vor ihrem; die kleinen Silbernadeln auf A.J.s Kragenverschlüssen glitzerten im grellen Licht der Deckenlampe.
 »Was hast du gesagt?«
 »Ich sagte ... ficken Sie mich bitte, Herr.«
 Jamie wollte sich den Schweiß von der Stirn wischen, aber sie traute sich nicht, ihre Pose aufzugeben.
 Gelassen und mit starrer Miene betrachtete A.J. sie ruhig. Jamie konnte nur mit Mühe ein Stöhnen unterdrücken, als A.J. einen Schritt zurücktrat. Einen Augenblick lang glaubte Jamie, Belustigung in A.J.s kühlen schwarzen Augen zu sehen; doch dann gab ihr A.J. mit den Fingern einen Klaps auf den Mund, und sie wagte nicht mehr aufzublicken.
 »Du erwartest von mir, daß ich deinen schmuddeligen Körper berühre? Du willst also, daß ich mich mit deinem ekligen Speichel beschmutze, deinem stinkenden Schweiß, deinem ranzigen Fotzensaft!«
 Jamie zitterte am ganzen Leib und schloß unwillkürlich die Augen. Ihre Möse tat weh, und mit jedem Wort aus A.J.s Mund wurden die Schmerzen schlimmer. Ihr Mund öffnete sich den klopfenden Fingern, und sie schmeckte Gummi, als A.J.s Hand sich zwischen ihre Lippen schob. Der Geschmack machte ihre Möse naß. Wenn A.J. nur schon die Handschuhe anhätte - dann würde sie Jamie bestimmt gleich ficken.

»O bitte!« bettelte Jamie durch die tastenden Finger. A.J. lachte und zog die Hand zurück, so daß Jamie nach vorn taumelte.
»Nimm deine Stellung ein!« befahl der Offizier.
Sofort sank Jamie auf die Knie; das kurze rote Haar fiel ihr über die Augen, bevor sie es mit einer Handbewegung zurückwerfen konnte.
»Mach mir die Hose auf!«
A.J. stand steif da, die Beine gespreizt. Jamie langte nach den Knöpfen, als sie plötzlich eine Ohrfeige bekam.
»Ich hab' dir nicht erlaubt, die Hände zu benutzen!«
Gehorsam legte Jamie die Hände auf den Rücken und grapschte mit den Zähnen nach den Knöpfen. Schweiß rann ihr in die Augen, als sie sich abplagte. Über ihr sah sie verschwommen A.J. lächeln, und sie weinte fast, als sie die Knöpfe geöffnet und die Hose halb über A.J.s Hüften gezogen hatte. A.J.s wohlgeformter Gummipimmel hing drohend über Jamies Kinn, doch sie wußte, daß sie ihn ohne Erlaubnis nicht berühren durfte. Hungrig starrte sie nach oben und wartete.
»Du bist noch nicht mit deinen Zähnen fertig«, flüsterte A.J. mit einem vielversprechenden Timbre in der Stimme. »In der rechten Tasche. Hol's raus, du Nutte!«
Jamie richtete sich auf und wand sich. Es schien unmöglich, mit den Zähnen in die Jackentasche zu gelangen. Sie mußte das Kinn benutzen, um das kleine Päckchen nach oben zu stoßen, so daß sie es zwischen die Zähne nehmen konnte. Als sie endlich ein Ende geschnappt hatte und daran zerrte, entfaltete sich die Folie. Jedes Päckchen in mattem Orange war durch einen abreißbaren Streifen mit dem nächsten verbunden; insgesamt waren es sechs.
A.J. lachte und schüttelte Jamie sanft, griff ihr mit der Faust ins Haar.
»Glaubst du, du kannst eins aufmachen, ohne die Hände zu benutzen?« lachte A.J.
Jamie stöhnte. Sie wußte nicht, wie sie es anstellen sollte. Womit sollte sie das Päckchen festhalten, während sie es aufriß, und wie sollte sie es anschließend jemals mit der Zunge über A.J.s Schwanz streifen? Fast weinend beugte Jamie sich nach vorn, um sich den Streifen unters Knie zu klemmen und zu versuchen, eines der Päckchen zu öffnen. Über ihr war A.J.s Stimme eine sanfte Verheißung:
»Wenn wir alle aufgebraucht haben, wirst du wirklich gut sein, da wette ich drauf.«
Jamie nickte, hörte aber nicht auf, mit dem Päckchen in der Folie zu kämpfen. Ihre Schenkel brannten an den nassen Stellen, die aneinander scheuerten, wenn sie sich bewegte.
Als sie dann endlich gefickt wurde, war sie sicher, künftig geschickter zu sein. Wenn sie das nächste Mal 'die Unerfahrene' spielen, wird sie wahrscheinlich kein Problem mehr haben - zumindest nicht mehr, als es A.J. gefiel.

Karen Johanns

S/M und Erste Hilfe

Manchmal geht etwas schief, auch wenn du dir noch so viel Mühe gibst, es zu verhindern. Seien wir uns darüber im klaren: Wenn eine von euch ernstlich verletzt wird, ist nicht nur das Spiel verdorben, sondern es entwickeln sich genügend Schuldgefühle, um alle künftigen S/M-Spiele emotional schwierig zu machen. Ein wenig Vernunft kann das Schlimmste verhüten; dennoch kann es zu Unfällen kommen, und darum ist die Kenntnis der wichtigsten Erste-Hilfe-Regeln unerläßlich. Gesundheitsprobleme können einem während des S/M-Spiels zu schaffen machen, ebenso wie bei einem Baseballspiel, beim Picknick oder beim normalen Heterosex.

Deshalb folgt eine Aufstellung möglicher körperlicher Probleme, die während eines S/M-Verkehrs auftreten können, sowie einige Ratschläge dazu, was man in solchen Fällen tun kann. Es gibt jedoch keinen Ersatz für eine praktische Ausbildung in den neuesten Techniken der Ersten Hilfe. Es wäre wirklich sehr nützlich, wenn sich mehr Leute aus der S/M-Gemeinschaft in Erster Hilfe, künstlicher Beatmung und Herz-Lungen-Wiederbelebung ausbilden ließen, indem sie Kurse beim Roten Kreuz besuchen. Selbstverständlich müssen Verletzungen ernster Natur, schwere, andauernde Blutungen, hohes Fieber oder längere Bewußtlosigkeit unverzüglich von geschulten Medizinern behandelt werden. Laß dich niemals aus Verlegenheit oder Angst davon abhalten, einen Arzt oder ein Krankenhaus aufzusuchen, wenn du so verletzt bist, daß ärztliche Behandlung erforderlich ist (vgl. auch den Abschnitt *Wenn Erste Hilfe nicht ausreicht*).

Anal-, Rektal- und Vaginalprobleme

Diese Probleme oder Verletzungen können entstehen, wenn man beim Verkehr die Faust, Dildos oder Analstöpsel verwendet. Um ihnen vorzubeugen, solltest du nie etwas Scharfes, am Ende Offenes oder Kantiges in die Scheide oder den After einführen. Schiebe nie einen Gegenstand vollständig in den Mastdarm. Säubere jedes Spielzeug, das der Penetration dient, mit heißem Wasser und Betaisodona oder Braunovidon, medizinischem Alkohol, Wasserstoffperoxid oder einem Bleichmittel. Verwende auf deinen Spielzeugen Kondome als zusätzliche Sicherheit gegen Infektionen. Trage beim vaginalen oder analen Faustverkehr einen Einmal-Lastex-Handschuh, um dich und deinen Partner zu schützen. Bevor du die Faust in Scheide oder Mastdarm steckst. verteile eine große Menge eines wasserhaltigen Gleitmittels auf deiner

Hand und bewege sie langsam und geduldig, um die Scheiden- oder Darmwände zu dehnen.
Folge den natürlichen Wegen der Anatomie. Zwinge keine Hand und kein Instrument hinein, die/das nicht hineinpaßt, sonst zerreißt du womöglich die Schleimhaut oder verletzt andere nahe gelegene Gewebe wie die Harnröhre.

Erste Hilfe
Scheiden- oder Darmblutungen müssen sorgfältig beobachtet werden. Geringfügige Blutungen hören in der Regel nach kurzer Zeit auf. Liegt der Riß außen, lindert eine aufgelegte Eiskompresse die Blutung. Hält sie länger als ein paar Minuten an, muß ein Arzt aufgesucht wrden. Hohes Fieber oder Magenschmerzen können auf eine Infektion im Unterleib hindeuten und müssen sofort abgeklärt werden. Einrisse tief im Mastdarm können ohne sichtbare Blutung zu einer Infektion führen, die ohne unverzügliche Behandlung tödlich sein kann.

Wenn du etwas im Darm 'verlierst', kommt es wahrscheinlich von selbst wieder zum Vorschein. Mach keinen Einlauf. Setz dich auf die Toilette und beug dich nach vorn. Wenn der Gegenstand nicht innerhalb von vier bis sechs Stunden herauskommt, geh zum Arzt.

Wenn du eine Reizung der Scheidenschleimhaut oder Ausfluß hast, lies den folgenden Artikel von Dr. Beth Brown.

Blutungen, Schürfwunden, Infektionen, Blutergüsse

Durchstechen, Schneiden, Prügeln und der Gebrauch von Klemmen oder Gewichten können gelegentlich unerwünschte Folgen wie die obengenannten haben. Hier sind einige Tips zur Vorbeugung:

Wenn du Stiche oder Schnitte anbringst, nimm, wann immer möglich, sterile Instrumente wie chirurgische Skalpelle mit austauschbaren Klingen.

Wenn du ein Messer benutzt, reinige es vor und nach dem Schneiden mit Alkohol. Sterilisiere diese Instrumente, falls du über einen Schnellkochtopf verfügst, andernfalls kannst du sie auch eine halbe Stunde lang in einen Dampfkochtopf legen.

Vor dem Durchstechen oder Schneiden muß die Haut gründlich mit Betaisodona oder Braunovidon oder medizinischem Alkohol gereinigt werden; danach darf die betreffende Körperpartie nur mit der sauberen Klinge oder einem sterilen Markierstift berührt werden.

Verwende Einweghandschuhe, wenn du beim Verkehr Kontakt mit Blut hast; denn du hast möglicherweise, ohne es zu wissen, winzige Schnittwunden an den Händen, die sich infizieren können.

Wenn du fertig bist, reinige deine Hände, die geritzte oder durchbohrte Stelle und den Ort des Vergnügens sorgfältig.

Beim Schneiden darfst du nie in die Nähe von Gelenken, des Halses, des Gesichts, der Kopfhaut, der Leiste oder der Geschlechtsorgane kommen. Halte dich auch von Sehnen und Bändern fern. Schneide nie so tief, daß du Muskelgewebe oder Fett freilegst. Frische deine Anatomiekenntnisse auf, bevor du geliebtes Fleisch so unsanft traktierst.

Peitsche nur gut gepolsterte Körperteile wie den Hintern, die Oberschenkel und den oberen Teil des Rückens. Brüste und Fußsohlen dürfen nur leicht gezüchtigt werden. Ziele niemals mit der Peitsche auf den Unterleib oder die Nierengegend. Beobachte die Haut der Gezüchtigten. Strahlendes, gesundes Rosa oder Rot ist gut (sehr dunkle Haut wird noch dunkler). Streiche mit der Hand über die betroffene Hautpartie und achte auf Hämatome (Blutbeulen). Ein Auspeitschen à la *Meuterei auf der Bounty*, das die Haut zum Platzen bringt, erfordert hinterher eine Reinigung der Schürf- und Schnittwunden mit einem Desinfektionsmittel. Die Peitsche sollte gesäubert und dann eingeölt werden; ein Rohrstock wird neu lackiert.

Erste Hilfe
Leichte Blutungen kann man durch Druck stillen. Wasche die Hautpartie und deine Hände mit Wasser und Seife und lege eine Eispackung auf leicht blutende Stellen, wenn die Blutung länger als einige Minuten anhält. Eis kann man auch verwenden, um Hämatome und Rohrstockstriemen zum Abschwellen zu bringen. Spritzendes Blut kommt aus einer Arterie. Lege einen festen Druckverband an und rufe einen Krankenwagen. Die Verletzte muß sofort notärztlich behandelt werden.

Wenn du jemanden geschnitten hast und die Stelle eitert oder wird rot und schwammig, ist sie wahrscheinlich infiziert. Schick deine Partnerin zum Arzt.

Wenn du mit Tittenklemmen spielst, die in die Haut schneiden (zum Beispiel Alligatorklemmen), säubere die Wunde wie oben beschrieben. Wenn du Gewichte an Ringe hängst, die Brustwarzen oder Schamlippen durchbohren, beginne mit einem leichten Gewicht und arbeite dich langsam hoch. Laß das Gewicht nie fallen - dabei kann das Gewebe (die Brust oder die Schamlippe) durchreißen, das den Ring hält. Hänge Gewichte nicht an Ringe, die Ringmaß 14 oder weniger haben.

Verbrennungen

Wenn du auf heiße Szenen stehst - mit heißem Wachs, Brandeisen oder elektrischem Strom -, kann es zu Verbrennungen kommen. Um sie zu verhüten, triff folgende Vorkehrungen:

Nimm für Szenen mit heißem Wachs nie Kerzen, die viel Bienenwachs enthalten; sie haben einen höheren Schmelzpunkt. Meide parfümierte Kerzen und Wachs, das viel Wasser enthält. Einfach Wachskerzen sind am besten.

Wenn du eine neue Kerze verwendest, laß den Docht anbrennen und zunächst ein wenig Wachs abtropfen. Dies verringert das Risiko, daß lose Glutstückchen vom Docht abfallen. Laß nur wenig Wachs auf einmal abtropfen; beginne, indem du die Kerze hoch über den Körper hältst, senke sie nach und nach. Abwechselnd Eis und Wachs zu verwenden, ruft nicht nur köstliche gegensätzliche Empfindungen hervor, sondern das Eis kann das auf die Haut tropfende Wachs abkühlen und dadurch die Gefahr von Brandwunden verringern.

Drücke keine Zigarette auf der Haut aus; das schreit nach Infektion. Die sichere Anwendung eines Brandeisens ist sehr schwierig, weil es Verbrennungen dritten Grades bewirkt. Solche Spiele sollten ausschließlich Dominas vorbehalten bleiben, die Erfahrung in der Versorgung und Behandlung ernster Verbrennungen haben.

Wenn du Elektroschockgeräte verwendest, leite niemals Strom durch Körperteile oberhalb der Taille, um Herzrhythmusstörungen vorzubeugen. Ein Spielzeug, das mit statischer Elektrizität geladen ist, etwa ein UV-Stab, ist eine Ausnahme von dieser Regel; man kann es auch oberhalb der Taille benutzen, sollte es aber nicht in die Nähe der Augen, des Mundes, der Nase und der Ohren bringen. Wer herzkrank ist, darf niemals mit Elektrospielzeug berührt werden. Steigere die Schocks von einem niedrigen Niveau aus und erhöhe die Intensität allmählich. Prüfe regelmäßig die Haut unter den Elektroden oder sonstigen Kontaktpunkten, um sicherzugehen, daß sie nicht verbrannt wird. Wenn elektrische Kontakte mit Ringen verbunden werden, kann das Loch in der Haut verbrennen und nach dem Spiel ein wenig bluten. Leg die Ringe mehrmals am Tag in heißes Wasser und in ein Kontaktlinsen-Reinigungsmittel, halte sie mit Alkohol sauber und mach eine Pause, damit die Wunden heilen können.

Erste Hilfe
Wenn du es mit einer Verbrennung ersten Grades zu tun hast (gerötete Haut), spüle die Haut mit kaltem Wasser ab und lege einen abgekühlten Teebeutel darauf.

Verbrennungen zweiten Grades rufen Blasen hervor. Man sollte sie ebenfalls mit kaltem Wasser behandeln und danach mit sterilem Verbandsmull abdecken. Wenn die Blase aufplatzt, untersuche die Flüssigkeit. Eine trübe Flüssigkeit zeigt eine Infektion an und verlangt nach ärztlicher Behandlung.

Eine Verbrennung dritten Grades ist verkohlt oder weiß und schmerzlos, doch ist die Umgebung sehr empfindlich.

Ohmacht, Schwindelgefühle, Übelkeit

Diese Probleme können bei praktisch allen S/M-Szenen auftreten, besonders aber unter Alkohol- und Drogeneinfluß oder dann, wenn du jemanden fesselst oder Knebel oder Augenbinden verwendest.

Wenn du Kapuzen, Augenbinden oder Knebel benutzt, achte stets darauf, daß sie nicht zu fest sitzen. Kapuzen sollten nicht zu eng sein und ausreichend Luft durchlassen. Stopfe Knebel nicht ganz in den Mund, sofern du nicht einen Kugelknebel mit Sicherheitsfaden verwendest.

Augenbinden sollten nicht so eng anliegen, daß die Serva Sterne vor den Augen sieht. Verwende keine Augenbinde, wenn deine Partnerin Kontaktlinsen trägt.

Stranguliere niemals zu stark. Es ist eine gute Regel, Halsfesseln zu prüfen, indem man zwei Finger darunterschiebt. Wenn das nicht geht, ist das Halsband zu eng.

Wenn du deine Partnerin im Stehen fesselst, laß die Knie frei. Wenn du sie aufhängst, wird sie möglicherweise ohnmächtig vor Aufregung oder weil das Blut in die Füße fließt. Lockere die Fessel so weit, daß sie sich hinlegen kann, und gib ihr Wasser oder Fruchtsaft zu trinken.

Verabreiche ihr kein Aufputschmittel, wenn sie im Stehen gefesselt ist, und sei vorsichtig, wen eine potentielle Partnerin Alkohol trinkt oder Drogen nimmt. Wenn du glaubst, daß ihre Urteilsfähigkeit beeinträchtigt ist, überlege es dir zweimal, bevor du mit ihr S/M-Verkehr hast.

Um Schwindelanfälle und Ohnmachten aufgrund von Atembeschwerden zu verhindern, mußt du immer darauf achten, daß die Fesseln um den Brustkorb volles Einatmen erlauben. Fessle deine Partnerin nie mit dem Gesicht nach unten auf einem Bett oder einer anderen weichen Unterlage, falls du den Raum verläßt. Wenn du mit einer Asthmakranken spielst, sorge dafür, daß sich der Inhalator oder benötigte Medikamente in Reichweite befinden, und verwende leicht lösbare Fesseln und Halsbänder. Es gibt spezielle Panikschnallen, die ein schnelles Lösen der Fesseln erlauben. Für den Fall, daß du Stricke zerschneiden mußt, solltest du ein scharfes Messer oder eine scharfe Schere bereitlegen. Wer an Heuschnupfen leidet, kann während einer S/M-Szene Probleme mit der Nasenatmung bekommen; sei also besonders wachsam, wenn du in solchen Fällen Knebel benutzt.

Es gibt nichts wirklich Narrensicheres gegen Übelkeit; aber du kannst vor dem S/M-Spiel eine nahrhafte Mahlzeit essen, dich ausruhen und dich mit dem Trinken zurückhalten. Entferne Knebel, wenn deine Partnerin Magenschmerzen bekommt.

Erste Hilfe

Entferne sofort Fesseln und Knebel. Wenn deine Partnerin bewußtlos ist, lege sie flach mit den Füßen auf einem Kissen oder Schemel. Laß sie etwa eine halbe Stunde lang ruhen. Wenn sie länger als einige Minuten teilnahmslos oder geistig abwesend ist oder immer wieder kurz bewußtlos wird, sorge für ärztliche Hilfe, vor allem dann, wenn sie Drogen nimmt. Bei Erbrechen und Übelkeit laß sie den Mund ausspülen; dann sorgst du für Ruhe und machst ihr einen Pfefferminztee oder heißes Zitronenwasser. Bei Atemnot, die nicht sehr bald aufhört, oder bei Schmerzen in der Brust ist sofortige ärztliche Hilfe erforderlich.

Muskelschmerzen, Nervenreizungen

Hieran tragen Fesselungen aller Art die Hauptschuld. Sei stets sehr vorsichtig beim Fesseln; denn Muskeln und Nerven sind ziemlich empfindlich, und es dauert lange, bis sie heilen.

Wenn du an den Fesseln zerren möchtest, solltest du Metallfesseln wie Handschellen meiden, da sie die Nerven im Handgelenk reizen können, wenn sie zu fest sind oder zu lange angelegt bleiben. Nimm bei einer Serva, die sich wehrt, Fesseln aus Leder oder Stoff. Wenn du auf Handschellen bestehst, achte darauf, daß sie sich nicht von selbst verengen können. Beim Aufhängen darf nie das ganze Körpergewicht an den Handgelenken hängen; Handschellen und Stricke dürfen nie direkt am Handgelenk befestigt werden; und achte auch darauf, daß die tragenden Fesseln gut gepolstert und mindestens fünf Zentimeter breit sind.

Aufhängen an den Handgelenken oder Fesselung im Stehen mit erhobenen Armen kann Hauptnerven in den Achselhöhlen schädigen. Anzeichen dafür sind Taubheit und Kribbeln in Ring- und kleinem Finger. Die beste Ausrüstung zum Aufhängen ist ein Geschirr, das speziell für diesen Zweck entworfen wurde und das man in manchen S/M-Läden kaufen kann, oder ein Gurtwerk für Fallschirmspringer, das Geschäfte für Waren aus Armeebeständen verkaufen.

Zum Aufhängen an den Füßen kann man auch Stiefel an einem Brett befestigen oder damit verschrauben, um Füße und Knöchel zu schützen. Schrauben und Gestelle oder Winden müssen gut befestigt und regelmäßig überprüft werden, um sicherzustellen, daß sie das Gewicht aushalten.

Wenn du dich zum Fesseln für Stricke ohne Schutzpolster entschließt, darfst du nie Knoten machen, die sich mit der Zeit oder bei Gegenwehr zusammenziehen. Halte ein Messer oder eine Schere bereit, um die Fesseln notfalls zu zerschneiden. Extrem feste Fesseln können die Durchblutung abschnüren, Nerven reizen und Muskeln zerren. Verwende niemals Draht direkt auf der Haut.

Erste Hilfe
Entferne Polster oder Fesseln und massiere die Glieder. Wenn nötig, unterstütze die Durchblutung mit Wärme. Bei Nervenquetschungen und -zerrun-

gen kannst du nicht viel tun; wenn die Nerven heilen, dann nur im Laufe der Zeit. Darum ist es so wichtig, diesen Nervenschäden vorzubeugen! Bei Muskelrissen zeigt sich ein großer Bluterguß, und die ganze Körperpartie schmerzt, vor allem bei Bewegung. Mach eine Eispackung und stelle das betroffene Glied ruhig. Aspirin ist nützlich. Konsultiere einen Arzt, um dich zu vergewissern, daß es sich um eine Verstauchung und nicht um einen Bruch oder ein ausgekugeltes Gelenk handelt. Wenn deine Partnerin aus der Halterung gestürzt ist und mit Brüchen, Gelenk- und Kopfverletzungen gerechnet werden muß, rufe den Notarzt.

Knochenbrüche und Kopfverletzungen

Immer wenn deine Partnerin stürzt oder von einem fallenden Gegenstand (zum Beispiel einem Kettenglied) getroffen wird, mußt du sie auf Knochenbrüche untersuchen. Hat der Kopf angeschlagen, prüfe, ob ein Schock eingetreten ist. Ist sie wach? Weiß sie, wer und wo sie ist? Weiß sie, welcher Tag heute ist? Wenn sie immer wieder einnickt und aufwacht oder sich erbricht, wenn sich ihre Persönlichkeit während der folgenden 24 Stunden verändert zu haben scheint, konsultiere einen Arzt. Ist sie nach einem heftigen Schlag auf den Kopf bewußtlos, vergewissere dich, daß sie noch atmet, bewege sie nicht und rufe den Krankenwagen.

Durch Stürze oder Schläge auf Gliedmaßen, Rippen oder andere Körperteile, vor allem beim Fall auf einen ausgestreckten Arm, kann es zu Knochenbrüchen kommen. Wenn du einen Bruch befürchtest, schiene den Arm mit einem Brett oder einer zusammengerollten Zeitschrift. Lege das Brett oder die Rolle über die Stelle, wo du den Bruch vermutest (auch über ein Gelenk in der Nähe des Bruchs, damit dieses stillgelegt wird), und wickle eine Bandage um Arm und Behelfsschiene. Konsultiere einen Arzt.

Langfristige Nebenwirkungen

Im Gegensatz zu den anderen Problemen, die in diesem Kapitel erörtert werden, handelt es sich hierbei nicht um Probleme, die man gewöhnlich sofort bemerkt, sondern eher um Infektionen oder Krankheiten, die auf bestimmte S/M-Spiele (zum Beispiel mit Einläufen, Kot, Urin oder Kathetern) zurückgehen.

Heutzutage ist es nicht ratsam, Körperflüssigkeiten eines anderen Menschen zu schlucken! Wenn du Pißspiele veranstaltest, achte darauf, nur auf unverletzte Haut zu urinieren. Meide also Stellen mit Ausschlag, Akne, Schnittwunden oder Verbrennungen. Urin darf nicht in die Augen geraten, da die Harnsäume sie reizen kann. Wenn du darauf bestehst, daß als Bestandteil der S/M-Szene Urin getrunken wird, sei dir dessen bewußt, daß Urin zwar wahrscheinlich keine lebenden Bakterien enthält, aber Virusinfektionen wie Hepatitis übertragen kann. Laß die Serva lieber ihren eigenen Urin trinken.

Kot kann eine ganze Reihe von Krankheiten übertragen, ebenso Parasiten. Selbst wenn du deinen eigenen Kot ißt, kannst du krank werden. Halte dich an den Grundsatz: *Tu's an mir, nicht in mir.*

Klistierspiele können durchaus eine rituelle Bedeutung haben - als *Reinigungsprozeß* vor dem Beginn der Szene. Sei dennoch vorsichtig und benutze immer eine saubere Ausrüstung und warmes (nicht heißes) Wasser. Wenn du Seife verwenden möchtest, nimm eine milde Sorte wie Palmolivseife. Verwende nie ein Haushaltsreinigungsmittel! Wenn du der Klistierflüssigkeit etwas beimischen willst, kannst du eine sehr kleine Menge Wein nehmen; aber damit wirst du deine Partnerin wahrscheinlich betrunken machen. Fülle den Darm langsam und hör auf, wenn Krämpfe auftreten.

Erste Hilfe
Es ist äußerst schwierig, Katheter so zu handhaben, daß sie ungefährlich sind. Selbst geschultes medizinisches Personal kann durch Katheterisieren Infektionen oder Verletzungen hervorrufen. Wenn du entgegen meinem Rat Katheter benutzt, wird es höchstwahrscheinlich zu einer Entzündung der Harnröhre kommen. Bei Blut im Urin muß ein Arzt konsultiert werden, sofern die Blutung nicht innerhalb weniger Minuten aufhört. Kann deine Partnerin innerhalb von sechs Stunden nicht urinieren, ist ebenfalls ein Arztbesuch erforderlich. Symptome einer Blasenentzündung sind u.a. Stechen und Brennen während des Urinierens; häufiges Urinieren (alle paar Minuten) verbunden mit dem Gefühl, sich naß zu machen, wenn man nicht sofort uriniert; Schmerzen im Becken nach dem Urinieren. Auch bei Verdacht auf Blasenentzündung gehe man zum Arzt.

Wegen der Krankheitssymptome, die durch infizierten Urin oder Kot auftreten können, lies das folgende Kapitel von Dr. Beth Brown.

Wenn du Klistiere machst, achte auf Blutausscheidungen, die über das von Hämorrhoiden verursachte Maß hinausgehen. Wenn solche Blutungen vorkommen oder nach Ablauf einer Stunde seit dem Klistier noch Unterleibskrämpfe auftreten, ist ärztliche Behandlung erforderlich.

Seelische Schocks

Auch die erfahrenste und selbstsicherste Serva kann gelegentlich von Selbstzweifeln, Panik, Furcht und Unsicherheit gepackt werden. Eine wohlmeinende Novizin mag dir alles erzählen, was sie über ihre Grenzen weiß; aber es kann sein, daß sie einfach nicht genug weiß, um dich durch alle Winkel ihrer Seele zu führen. Eine gute Domina ist häufig imstande, den seelischen Zustand der Serva, mit der sie spielt, zu beurteilen; dennoch kann etwas schiefgehen. Sowohl die Serva als auch die Domina sind dafür verantwortlich, sich nicht auf Szenen einzulassen, von denen sie wissen, daß sie sie seelisch nicht verkraften können. Wenn du dich in zu tiefes Wasser vorgewagt hast, laß deine Partnerin wissen, daß dir die Sache zu hart wird oder daß du nervös wirst und ein bißchen geschmust werden möchtest.

Erste Hilfe
Umarmen, Schmusen, eine Tasse Tee und ein offenes Gespräch sind notwendig, um eine Frau körperlich und seelisch aufzurichten. Hört auf, eure Rollen zu spielen. Wenn beruhigende Worte und Zusicherungen nicht helfen, stelle fest, ob deine Partnerin vielleicht mit einem anderen Menschen sprechen möchte, und versuche herauszufinden, ob diese Person am Telefon mit deiner Partnerin sprechen oder für eine Weile vorbeikommen kann. Psychiatrische Hilfe mag zwar in manchen Fällen gerechtfertigt sein, meiner Meinung nach aber nur als letzte Zuflucht; denn viele Psychiater verstehen die Dynamik von S/M nicht.

Der Erste-Hilfe-Kasten zu Hause

Es empfiehlt sich, folgende Dinge zur Hand zu haben:
- eine Erste-Hilfe-Broschüre neuen Datums
- Dreieckstücher (für Schlingen)
- Wundpflaster in verschiedenen Größen
- Verbandswatte
- Druckpolster (Pelotten)
- Monatsbinden
- Kreuzbandagen
- steriles Verbandszeug (5 und 10 cm breit)
- Heftpflaster
- Augenklappen und -binden
- Seife
- Betaisodona oder Braunovidon
- medizinischer Alkohol
- Wasserstoffperoxid
- Aspirin
- Paracetamol oder Benuron
- Riechsalz
- Zucker
- Tafelsalz

Verbandsschere
Bolzenschere
Werkzeug zum Lösen von Knoten
(Marlphriem, Stricknadeln usw.)
Reserveschlüssel
Eiswürfel
Schienen
Pinzette
Rektalthermometer
Gleitmittel
antibiotische Wundsalbe.

Wann sind Unfälle am wahrscheinlichsten?

1. Novizinnen - Servas sowohl wie Dominas - erleiden aus folgenden Gründen eher Unfälle als Erfahrene:
   a) Sie scheuen sich, Grenzen zu setzen, damit die Partnerin nicht mit dem Spiel aufhört.
   b) Sie sind so erregt, daß sie nicht merken, wie hart das Spiel wird.
   c) Sie setzen sich falsche oder zu hohe Ziele.
   d) Sie sagen nicht die Wahrheit über das Ausmaß ihrer Erfahrung, Krankheiten, Gesundheitszustand oder Alkohol- und Drogenkonsum.
   e) Sie haben nicht genug Erfahrung, um ihre eigenen Grenzen zu kennen oder zu verstehen, daß vorübergehende seelische Probleme zu Schwierigkeiten führen können.

2. Manche Servas verstummen in einem bestimmten Stadium der Szene und sind nicht mehr in der Lage, die Domina zu informieren, wenn sie in Schwierigkeiten sind oder ihre Grenzen erreicht haben.

3. Wenn du in einem fremden Kerker S/M-Verkehr hast, bist du vielleicht mit der Ausrüstung nicht vertraut und weißt nicht, wie gut oder schlecht sie ist. Bei umfangreichen Szenen in fremder Umgebung sind vorherige Proben ein Muß.

4. Hochmut verursacht Unfälle! Scheue dich nicht, um Rat zu fragen oder dir helfen zu lassen.

5. Schummriges, romatisches Licht führt zu Unfällen, wenn die Domina etwas tut, was gute Sicht auf den Körper der Serva verlangt (starkes Züchtigen, Schneiden usw.).

6. Drogen und Alkohol sind in der S/M-Szene nicht nur für viele Unfälle mit körperlichen Schäden verantwortlich, sondern auch für mißglückte Kommunikationsversuche und unangenehme seelische Nachwirkungen.

7. Nasse, schmierige, schlüpfrige Böden sind eine Gefahr, vor allem für eine Domina in nagelneuen Stiefeln mit glatten Sohlen oder hohen Absätzen.

8. Gewöhnlich ist es verkehrt, an einem S/M-Spiel teilzunehmen, wenn du deprimiert, in schlechter Verfassung, wütend, mißgelaunt oder aggressiv bist.

9. S/M vor Zuschauern kann problematisch sein. Hüte dich vor Idioten, die sich in eine Szene einmischen und die Stimmung verderben. Hüte dich vor Exhibitionismus; er kann eine Domina dazu verleiten, sich an Kunststücken zu versuchen, die ihre Fähigkeiten übersteigen oder bewirken, daß die Serva so weit geht, daß sie es am nächsten Tag bereut.

10. Ein S/M-Spiel mit Fremden ist potentiell gefährlich. Je weniger du von ihnen, ihren Reaktionen, Neigungen und ihrer Erfahrung weißt, desto riskanter ist so ein Spiel.

11. Eine Serva oder eine Domina, die eine Weile außerhalb der S/M-Szene gelebt hat und eine Rückkehr anstrebt, ist wohl kaum in Bestform, wenn sie versucht, das Spiel auf dem alten Niveau neu aufzunehmen.

12. Die Annahme, daß es nur sehr wenige Gelegenheiten zu einem S/M-Spiel gibt (egal, ob das stimmt), kann dazu verleiten, Warnsignale zu mißachten oder etwas zu tun, was man hinterher bereut.

Wenn Erste Hilfe nicht ausreicht

Es ist also geschehen: Etwas hat sich ereignet, womit du trotz der Informationen in diesem Buch und trotz deiner eigenen Kenntnisse in Erster Hilfe nicht mehr zurechtkommst. Was nun?

Ruf einen Arzt, wenn es sich um ein eher geringfügiges Problem handelt: leichte Scheidenblutungen, Fingerkribbeln, das nicht innerhalb weniger Minuten nach der Entfesselung aufhört, eine Verbrennung, die du nicht einschätzen kannst, Schmerzen oder Rötung im Bereich einer Schnittwunde, ein geplatztes Blutgefäß im Augapfel nach dem Aufhängen an den Füßen usw. Wenn es noch nicht zu spät am Abend ist, versuche, deinen Arzt oder den deiner Partnerin oder einen mit S/M-Sympathien zu erreichen. Wenn du dabei kein Glück hast, lies weiter.

Zwischen geringfügigen Problemen und Notfällen liegen Dinge wie ein möglicherweise gebrochener Finger, Fuß oder Arm, ein verstauchter Knöchel, ein Schnitt, der etwas zu tief geraten ist und vielleicht genäht werden muß (also ein Schnitt durch die ganze Haut, der länger als ein Zentimeter ist), Schnittwunden oder Verbrennungen, die Eiter absondern, ein Objekt im Mastdarm, das trotz behutsamer Nachhilfe nicht herauskommt und so weiter. Viele Krankenhäuser haben Ambulanzen, die du aufsuchen kannst, wenn du deinen Arzt nicht erreichst.

Alles, was nicht nach einem Bagatellunfall aussieht, ruft nach der Notaufnahme oder dem Notarzt. Dazu gehören:

1. Fieber, Verwirrtheit oder Lethargie nach dem Schneiden, Brennen oder besonders nach analem Faustverkehr. Diese Symptome treten am häufigsten ein bis zwei Tage nach dem S/M-Spiel auf.

2. Erbrechen, Persönlichkeitsveränderung, bleibende Benommenheit nach Stürzen oder Schlägen auf den Kopf (häufig 12-24 Stunden danach).

3. Verdacht auf Beinbruch (nicht Fußbruch).

4. Dumpfe Leibschmerzen, vor allem dann, wenn ein Fingerdruck auf den Unterleib wehtut; Erbrechen von Blut; Blut im Stuhl oder andere ungewöhnliche Unterleibssymptome, besonders nach Analpraktiken, Faustverkehr oder Klistieren.

5. Gesundheitliche Krisenzustände wie Asthma, das nicht auf Medikamente anspricht, starke Schmerzen oder Druckgefühl in der Brust, Bewußtlosigkeit usw.

Ernste Notfälle sind leicht zu erkennen: starke Blutungen, vor allem spritzendes helles Blut, Atemstillstand oder ernste Atemmot, plötzlich auftretende schlimme Unterleibsschmerzen, sehr starke Schmerzen in der Brust mit Übelkeit und Schweißausbrüchen und so fort. Vertrödle keine Zeit; ruf den Notarzt oder einen Krankenwagen. Was tut's, wenn du nur deine Lederhose, einen Dildo, ein Geschirr, einen glänzend roten Schnurrbart und sonst nichts trägst? Du kannst immer ein paar Sachen grabschen und sie in der Toilette des Krankenhauses anziehen. Die Sanitäter werden tagelang Stoff zum Tratschen haben!

Viele Leute glauben, Krankenhäuser seien voll von zwei Meter großen Autoritätspersonen in gestärkten weißen Kitteln, die medizinische Laien hassen (vor allem Perverse!). Am Untersuchungstisch mag die Schwester durchaus eine Vertreterin der Mehrheitsmoral sein - oder auch die niedliche Domina, die du letzten Monat auf der Party am Ende doch nicht um eine geile Begegnung gebeten hast? Wer weiß das schon! Wenn diejenigen, mit denen du es zu tun bekommst, schon lange im Krankenhaus arbeiten, haben sie wahrscheinlich alles, was du ihnen zu bieten hast, bereits gesehen - und zwar mehr als einmal. Außerdem ist es nicht notwendig, ihnen alle blutrünstigen Einzelheiten darüber zu erzählen, wie die Aufhängung zusammenfiel und deine Freundin vermutlich den Knöchel brach. Erzähle ihnen, sie sei in der Küche beim Auswechseln einer Glühbirne vom Stuhl gefallen.

Wenn ihr ein Gegenstand im Mastdarm steckt, brauchst du ihnen nicht zu erzählen, wie er dort hineingelangt ist (sie können es sich denken) oder wer ihn hineinsteckte.

Wenn das Opfer Blutergüsse und Peitschenstriemen aufweist, sollte keiner verraten, wer das getan hat, und jede Begleitperson sollte Kenntnisse hierüber verneinen.

Wenn jemand dienstlich neugierig wird und Andeutungen über eine Untersuchung wegen Körperverletzung macht, wirst du unter Umständen Namen und Anschrift nicht kennen. Wichtig ist nur, sachdienliche Angaben zur Krankengeschichte zu machen (also über Gebrechen, Medikamente, bisherige Operationen, Allergien usw.).

Wenn du dich wegen eines Problems, das mit Drogen zu tun hat, in ein Krankenhaus begibst, können ernste strafrechtliche Fragen aufgeworfen werden. Trotzdem hat die Rettung eines Lebens Vorrang. Das Krankenhaus-Personal wird genau wissen wollen, was die Patientin genommen hat und - wenn möglich - wieviel, damit man sie wiederbeleben kann.

Wenn du diese Auskünfte geben kannst, tu es. Es ist unbedenklich zu erzählen, sie habe versehentlich zuviel rezeptfreie oder verordnete Medikamente eingenommen oder mit Alkohol vermischt. Die Symptome einer Überdosis von Straßendrogen sind mitunter eindeutig. Manchmal wird eine Standard-Therapie angewandt, gleichgültig, was du erzählst - zum Beispiel, wenn jemand kokainsüchtig zu sein scheint. Hin und wieder sind die Symptome unklar, besonders dann, wenn jemand große Mengen mehrerer exotischer Substanzen vermischt hat. Die Diagnose wird auf dem Krankenblatt vermerkt, ganz gleich, was du sagst oder zu verbergen trachtest. Es ist aber bessser, diesen Vermerk in der Akte zu haben, als tot zu sein.

Unfälle können vorkommen. Gesundheitliche Probleme treten auf; Geräte brechen trotz aller Sorgfalt zusammen; Menschen machen Fehler. Die Serva oder die Domina zu beschuldigen, hat wenig Sinn. Denke daran, daß Krankenhäuser dazu da sind, dir zu helfen. Du hast Anspruch auf Hilfe. Du hast außerdem Anspruch darauf, respektvoll behandelt und über alles Notwendige so aufgeklärt zu werden, daß du es verstehst. Notiere dir die Namen von Schwestern und Ärzten, die mit deiner Pflege und Versorgung oder der deiner Partnerin befaßt sind. Wenn du nicht bekommst, was du brauchst, frage nach dem Stationsarzt, der -schwester oder dem Leiter der Krankenhausverwaltung. Verlange nach allem, was du brauchst, und deine Aussichten, es zu bekommen, werden sich erhöhen.

Epilog

Wenn du einen guten Arzt oder Psychotherapeuten kennst, der gegenüber S/M-Fans zu mindest tolerant, vielleicht sogar aufgeschlossen ist, gib diese Information an andere weiter. Viele von uns vernachlässigen ihre gesundheitlichen Bedürfnisse, weil sie fürchten, sich vor Ärzten zu blamieren. Dein Arzt sollte dich so nehmen, wie du bist - mit Nippelringen, Striemen vom Rohrstock und allem anderen; aber da viele dies nicht tun, solltest du deine Gemeinschaft über Ausnahmen unterrichten.

Viel Spaß beim Spiel!

Danksagung

*Ich danke unserer perversen Lieblingsärztin dafür,
daß sie diesen Artikel durchgesehen und
nützliche Hinweise gegeben hat.*

Dr. Beth Brown

Durch Geschlechtsverkehr übertragbare Krankheiten bei Lesben

Lesben als Gruppe unterliegen im Vergleich zu allen anderen sexuell aktiven Menschen einem geringeren Risiko, sich sexuell übertragbare Krankheiten zu holen. Dies liegt zum Teil daran, daß die meisten Lesben relativ wenige Sexpartner haben, und teilweise an der Art und Weise, wie sie meistens Geschlechtsverkehr ausüben. Dennoch gibt es einige Gefahren bei Lesben, und es ist wichtig, darüber informiert zu sein. Manche dieser Krankheiten können zu Scheidenausfluß oder anderen Problemen führen, andere können völlig symptomlos sein. Es ist ratsam, beim Sex stets folgende Sicherheitsvorkehrungen zu treffen:

1. Wasch dir die Hände, bevor du sie in eine Körperöffnung deiner Partnerin(nen) steckst. Wasch sie noch einmal, ehe du in eine andere Öffnung eindringst, vor allem, wenn du es bei verschiedenen Partnerinnen und/oder bei dir selbst machst.

2. Viele Frauen finden Untersuchungshandschuhe aus Gummi oder Plastik geeignet, um Infektionen beim Sex vorzubeugen (sie sind auch gut für Gummifetischistinnen!). Handschuhe sind besonders wichtig, wenn die Partnerin, die ihre Hand in eine interessante Öffnung stecken möchte, eine Schnittwunde oder andere Hautverletzungen oder erst vor kurzem ihre Fingernägel abgefeilt hat, weil sie Faustverkehr plant.

3. Egal, ob man Handschuhe verwendet oder nicht - ein künstliches Gleitmittel ist sehr empfehlenswert. Am besten nimmst du ein wasserhaltiges, denn es ist leicht abwaschbar. Gleitmittel auf Ölgrundlage können Kunststoffhandschuhe und Kondome zersetzen. Vielleicht ziehst du ein Gleitmittel vor, das Nonoxynol-9 enthält, jene Substanz, die Viren abtötet, auch diejenigen, von denen man annimmt, daß sie AIDS verursachen.

4. Es ist umstritten, ob Viren in Scheidensekreten gedeihen können. Sehr wahrscheinlich kann man sich aber infizieren, wenn der Mund mit Men-

struationsblut in Berührung kommt. Viren sind ständig in den Sekreten des Gebärmutterhalses enthalten, unabhängig davon, ob die Frau menstruiert oder nicht. Ob der Kontakt mit virushaltigen Absonderungen der Scheide Krankheiten verursachen kann, weiß man nicht. Beim oralen Sex sollte man zur Sicherheit Zahnschutzstückchen aus Gummi verwenden, gleichgültig, ob die Partnerin ihre Periode hat oder nicht.

5. Spielzeug kann infizieren. Es ist am sichersten, für jede Frau ein eigenes Spielzeug zu benutzen. Wenn du Plastik- oder Gummispielzeug mit anderen teilst, säubere es vor jedem Gebrauch stets mit 70%igem Alkohol oder kochendem Wasser oder einer Lösung aus einem Teil Haushaltsbleichmittel und zehn Teilen Wasser oder Wasserstoffperoxid oder Betaisodona bzw. Braunovidon oder verwende ein Kondom. Lederdildos sind fast nicht zu reinigen und sollten immer mit Kondom und stets nur für ein- und dieselbe Partnerin benutzt werden.

Es gibt eine ganze Anzahl verschiedener sexuell übertragbarer Krankheiten bei Frauen:

Infektionen, die wahrscheinlich Scheidenprobleme verursachen

Candida (Sproßpilz): Dies ist ein infektiöser Reizzustand mit einem weißlichen, Hüttenkäse ähnlichem Ausfluß, der juckt oder brennt. Candida ist lästig, aber nicht gefährlich, und wird durch übermäßiges Wachstum von Hefepilzen in der Scheide verursacht, was auf Streß oder die Einnahme von Antibiotika zurückgeht und mit Vaginalsalbe oder -zäpfchen wie Monistat, Gyne-Lotrimin oder anderen Arzneimitteln behandelt wird, die dein Arzt dir verschreibt. Bei manchen Frauen helfen Spülungen mit zwei Eßlöffeln weißem, destilliertem Essig in einem Liter warmem Wassser, Joghurtspülungen oder die Einführung einer geschälten Knoblauchzehe in die Scheide (vorher einen Faden durchziehen, damit man sie leicht wieder herausholen kann). Ist die Infektion nicht sehr schlimm, kann man ohne Bedenken warten, bis sie von selbst abklingt. Sie tritt häufig kurz vor der Menstruation auf und verschwindet, wenn diese beginnt. Ist die Infektion ernsterer Art, kannst du deine Partnerin damit anstecken, so daß sie ebenfalls behandelt werden muß.

Gardnerella ist eine Infektion mit wässrigem Ausfluß, der nach Fisch riecht. Es ist bekannt, daß sie durch Geschlechtsverkehr von Frau zu Frau übertragen werden kann; aber man kann vielleicht auch auf andere Weise daran erkranken: durch Kontakt mit nassen Handtüchern, heißen Badewannen, Gymnastikbänken usw. Das ist aber noch nicht bewiesen. Es handelt sich ebenfalls um eine lästige, jedoch nicht gefährliche Infektion. Sie wird mit Ampicillin, manchmal mit Flagyl behandelt; du mußt also einen Arzt aufsuchen, wenn du glaubst, diese Krankheit zu haben.

Trichomoniasis wird von einem Protozoon, der Trichomoniade, verursacht; sie kann symptomlos sein oder starkes Jucken und Ausfluß hervorrufen. Der Ausfluß ist meist grün und blasig, und infizierte Frauen haben gelegentlich leichte Scheidenblutungen, weil der Gebärmutterhals entzündet ist. Gespielinnen können sich anstecken, wenn ihre Scheide mit dem infizierten Ausfluß in Berührung kommt. Dem kann man durch die oben erwähnten Methoden vorbeugen. Um die Diagnose zu stellen, muß ein Fachmann den Ausfluß unter dem Mikroskop begutachten. Eine Therapie ist nur dann notwendig, wenn die Symptome lästig sind oder die Infektion während der Schwangerschaft auftritt. Die meisten Ärzte behandeln Trichomoniasis mit Flagyl, einem Antibiotikum, doch in manchen Fällen ist Eynomonostat (auch bei Candida angewandt) wirksamer. Partnerinnen einer an Trichomoniasis erkrankten Frau benötigen keine Behandlung, es sei denn, sie hat Symptome. Wenn eine erkrankte Frau jedoch ungeschützten Vaginalverkehr mit einem Mann hat, muß dieser zusammen mit ihr behandelt werden, egal ob er Symptome aufweist oder nicht. Das Protozoon kann nämlich in der männlichen Harnröhre überleben, und es besteht die Gefahr, daß du dich re-infizierst.

Syphilis kann erkennbare Symptome verursachen oder auch nicht, aber sie ist gefährlich. Vor der Entdeckung des Penicillins nahm sie einen langwierigen, häßlichen und oft tödlichen Verlauf. Heute ist die Behandlung einfach. Wenn sich Symptome zeigen, liegt die Ansteckung etwa drei Wochen zurück. Das erste Anzeichen ist gewöhnlich ein schmerzloses, gummiartiges Geschwür, Schanker genannt, oft verbunden mit vergrößerten Lymphknoten, in der Leistengegend. Es kann sich an den Geschlechtsorganen und an anderen Körperteilen zeigen. Die Berührung eines Schankers kann zur Infektion führen. Die Syphilis kann die Symptome nahezu jeder anderen Krankheit imitieren; eine Frau kann auch Syphilis ohne jedes Symptom haben. Der Schanker verschwindet von selbst, doch man fühlt sich deshalb nicht besser. Syphilis wird durch eine Blutuntersuchung diagnostiziert. Wenn du an deinen Genitalien irgendwelche Anzeichen feststellst, die dich beunruhigen, oder wenn du eine andere gefährliche sexuell übertragbare Krankheit hast, laß dein Blut unbedingt auf Syphilis untersuchen.

Wenn Syphilis mehrere Monate lang unbehandelt bleibt, folgt als nächstes Stadium ein Ausschlag, zunächst in Form von flachen roten Flecken, später eher beulenartig. Jeder unklare Ausschlag sollte dich ebenfalls veranlassen, sofort einen Arzt zu konsultieren und vielleicht einen Syphilistest machen zu lassen. Auch der Ausschlag verschwindet von selbst.

Nach dem Verschwinden des Ausschlags gelangt die Erkrankte in ein Stadium, das als latente Syphilis bezeichnet wird, und steckt andere bei flüchtigem, gelegentlichem Kontakt nicht mehr an. Direkter Kontakt mit infiziertem Blut kann jedoch immer noch Syphilis übertragen. Dieses Stadium kann zehn bis dreißig Jahre lang ohne Symptome andauern. Wird die Krankheit noch immer nicht behandelt, kann sie in ihr drittes Stadium treten. Eine verbreitete Form dieser tertiären Syphilis ist die Neurosyphilis, eine fortschreitende Geisteskrankheit, die den Verlust der intellektuellen Fähigkeiten und/oder Bewegungsstörungen hervorrufen kann. Eine weitere tertiäre Form ist die syphilitische Aortitis, bei der die Aorta im Brustkorb dünner wird und plötzlich platzen kann, was zum Tode führt.

Einer Ansteckung kann man in der Regel durch Sicherheitsvorkehrungen beim Sex vorbeugen. Die Syphilis ist jedoch eine derart gefährliche Krankheit, daß du, wenn du daran erkrankst, unbedingt alle deine Sexualpartner bis zu drei Wochen vor der Diagnose davon in Kenntnis setzt (wenn du einen Ausschlag gehabt hast, sogar alle Partner, die du im Laufe einiger Monate vor dem Auftreten des Ausschlags hattest), damit diese sich auch untersuchen lassen können, unabhängig davon, ob du Sicherheitsmaßnahmen ergriffen hattest oder nicht.

Gonorrhoe (Tripper) kann mit einem gelblichen Ausschlag, schmerzhaftem und/oder häufigem Wasserlassen und abnormen Perioden verbunden oder völlig symptomlos sein. Wenn Symptome auftreten, dann zwei bis sieben Tage nach der Ansteckung. Gonorrhoe kannst du im Gebärmutterhals, in der Harnröhre, im Mastdarm oder im Hals bekommen, obwohl es keine Beweise dafür gibt, daß Frauen sich gegenseitig durch oralen Sex anstecken können. Gonorrhoe ist manchmal lästig und immer gefährlich. Sie kann in die Eileiter vordringen, eine Beckenentzündung hervorrufen und zu Unfruchtbarkeit führen. Außerdem kann sie die Leberhaut infizieren, was äußerst schmerzhaft ist. Hin und wieder breitet sie sich über das Blut in die Gelenke und die Haut aus. Dies ist während der Menstruation am wahrscheinlichsten. Gonorrhoe ließ sich früher mit Penicillin leicht behandeln. Seit dem Vietnam-Krieg breiten sich penicillin- und tetracyclin-resistente Bakterienstämme immer mehr besonders in den Vereinigten Staaten aus; aber es gibt andere Medikamente, die wirksam sind. Wenn du fürchtest, dich angesteckt zu haben, ist es wichtig, einen Gebärmutterhalsabstrich machen zu lassen, selbst wenn du keine Symptome hast; denn das ist die einzige Möglichkeit, Gonorrhoe zu diagnostizieren. Hat eine/r deiner Sexualpartner/innen Gonorrhoe, gehen die meisten Ärzte davon aus, daß du sie ebenfalls hast, und behandeln dich. Anders als bei Syphilis gibt es für Gonorrhoe keinen Bluttest. Der Abstrich ist kein ganz zuverlässiger Test, da er nur bei etwa 80% aller Infektionen positiv verläuft. Wenn der Arzt, den du aufsuchst, zusätzlich deinen Ausfluß unter dem Mikroskop untersucht, erhöht sich die Aussicht auf eine exakte Diagnose. Nach der Behandlung ist es sehr wichtig, sich nochmals untersuchen zu lassen, um sicher zu sein, daß die Behandlung erfolgreich war. Natürlich müssen alle deine Mitspieler/innen ebenfalls untersucht werden.

Chlamydia (früher unspezifische Zervizitis genannt) und Gonorrhoe treten häufig gemeinsam auf. Nicht alle Laboratorien sind auf Chlamydia-Tests eingestellt, und einen sicheren Test gibt es ohnehin noch nicht. Chlamydia führt zu den gleichen Problemen wie Gonorrhoe (siehe dort), und kann ebenfalls symptomlos sein. Einige Studien deuten darauf hin, daß Chlamydia zur Zeit die häufigste sexuell übertragbare Krankheit in den Vereinigten Staaten ist. Wenn du glaubst, eine Blasenentzündung zu haben, eine Untersuchung aber negativ bleibt, hast du möglicherweise Chlamydia in der Harnröhre. Da es sich um keine Bakterie handelt, versagen die üblichen Tests. Die Krankheit wird mit Tetracyclin oder ähnlichen Antibiotika behandelt. Wenn du wegen Gonorrhoe behandelt wirst, solltest du dich stets gleichzeitig wegen Chlamydia behandeln lassen. Penicillin ist wirkungslos. Wie bei Gonorrhoe und Syphilis sollen sich deine Sexualpartner/innen während der vergangenen drei bis vier Wochen ebenfalls untersuchen lassen.

Frauen können Scheidenausflüsse haben, die infektiös sind, aber nicht als eine der bisher beschriebenen Krankheiten diagnostiziert werden können. Wahrscheinlich wird es immer so etwas wie die *unspezifische Zervizitis* geben; denn es gibt mehr Infektionskrankheiten auf der Welt, als man bisher entdeckt hat. Zwei Bakterienarten, die man zur Zeit verdächtigt, infektiöse Ausflüsse zu verursachen, sind Ureaplasma urealyticum und Mycoplasma genitalum; aber man weiß noch nicht, ob sie wirklich Ansteckung hervorrufen. Infektiöse Absonderungen des Gebärmutterhalses werden diagnostiziert, indem man der Gebärmutterhalsöffnung einen Abstrich des Ausflusses entnimmt und ihn unter dem Mikroskop begutachtet, um herauszufinden, ob er Eiterzellen enthält, gleichzeitig wird man auf Gonorrhoe und manchmal auf Chlamydia untersucht.

Sind diese Tests negativ, wird man wahrscheinlich trotzdem wegen Chlamydia behandelt, weil sie so schwer feststellbar ist. Wenn du wegen Chlamydia behandelt wirst, sollten auch deine Partner beiderlei Geschlechts auf Symptome einer Infektion untersucht werden.

Es gibt noch verschiedene andere, recht seltene Krankheiten, bei denen genitale Geschwüre und Knoten typisch sind: weicher Schanker, Granuloma inguinale und Lymphogranuloma venereum sind lästig und gefährlich. Wenn du etwas Beulenförmiges an deiner Vulva oder in deiner Scheide entdeckst - es gehört nicht dahin. Geh also zum Arzt, und zwar bald.

Hautparasiten

Es gibt einige sexuell übertragbare Krankheiten, die keine Scheidenentzündung verursachen.

Läuse in der Schamgegend können Juckreiz bewirken; ihr gesamter Fortpflanzungszyklus kann sich in den Schamhaaren abspielen. (Rasurbegeisterte aufgepaßt: Läuse können nicht leben, wo es keine Haare gibt; eine Rasur kann das Problem somit beseitigen). Du kannst die Läuse durch direkten Kontakt oder über die Kleider einer betroffenen Person oder deren Bettzeug einfangen. Man kann die krabbelnde erwachsene Laus oder die winzige weiße Nisse an der Basis der Haarschäfte entdecken.

Milben graben sich in die Haut und verursachen Ausschlag überall unterhalb des Halses. Sie werden durch engen Kontakt mit befallenen Personen übertragen, besonders, wenn du die Nacht in ihrem Bett verbringst. Die Milbe gräbt sich in die Haut ein und sondert Abfallprodukte ab, die intensiven Juckreiz in quälenden Anfällen hervorrufen, vor allem nach einem Bad oder kurz nach dem Zubettgehen.

Sowohl Läuse als auch Milben werden mit Jacutin behandelt, das wirksamer ist als rezeptfreie Mittel. Sie sind nicht gefährlich (solange man sich nicht derart stark kratzt, daß sich die Haut entzündet), aber *lästig* ist ein viel zu schwaches Wort dafür. Wenn du davon befallen wirst, sollten alle deine Kontaktpersonen gleichzeitig mit dir behandelt werden, um eine 'Ping-Pong'-Infektion zu verhindern. Wenn du Milben hast, sollten alle Personen in deinem Haushalt (Sexualpartner und andere) mitbehandelt werden. Außerdem mußt du deine Kleider und Bettücher am selben Tag, an dem du das Medikament anwendest, in sehr heißem Wasser waschen.

Durchfall

Amöben, Giardiasis und Hepatitis A werden auf nicht-sexuellem Weg übertragen. Ist jedoch ein/e Partner/in infiziert, kann sich diese Person durch oral-analen Verkehr oder oralen Kontakt mit einem Objekt, das mit infiziertem Kot verunreinigt ist, zum Beispiel Finger oder Spielzeuge, die sich im Mastdarm einer infizierten Person befunden haben, anstecken. Amöben und Giardiasis bilden außerdem Zysten, die an Kleidern oder im Bettzeug stundenlang überleben können. Dorthin können sie durch heftige Sexspiele mit analem Einschlag geraten, und man kann sie einfangen und unabsichtlich schlucken. Amöben und Giardiasis sind heute bei schwulen Männern derart häufig, daß man sie in den Vereinigten Staaten als *Schwulen-Darm-Syndrom* bezeichnet.

Es gibt zahlreiche verschiedene Arte von Amöben; doch diejenige, die Krankheiten verursacht, heißt Entamoeba histolytica. Du kannst sie dir in Gegenden mit unzureichender Hygiene einfangen, aber auch, wenn du Kot in den Mund nimmst oder eine infizierte Person ohne Mundschutz oral-anal berührst. Symptome sind in der Regel periodisch auftretende, faulig riechende, wässrige Durchfälle, die Blut enthalten können. Die Durchfälle kommen und gehen und können monatelang anhalten. Weitere Symptome sind u.a. Übelkeit, Blähungen und Unterleibskrämpfe mit oder ohne Durchfall. Die Symptome werden von der aktiven Amöbe hervorgerufen. Mindestens die Hälfte aller Menschen, die von Amöben befallen sind, haben sie in Form von Zysten. Diese verursachen keine Symptome, doch sie stecken andere mit größerer Wahrscheinlichkeit an als die aktive Form, da die Zysten länger als eine Woche außerhalb des Körpers leben können.

Giardia lamblia ist die zweite häufige Ursache des *Schwulen-Darm-Syndroms*. Sie wird oft durch verunreinigtes Wasser verbreitet und ist in den Vereinigten Staaten die Hauptursache für Krankheiten, die durch (Trink-)Wasser hervorgerufen werden. Bei den Schwulen in New York hat etwa ein Drittel der Infizierten plötzlich auftretende, wässrige, übelriechende Durchfälle (der Stuhl schwimmt) mit Magenkrämpfen und starker Gasbildung, manchmal mit Erbrechen und Fieber. Die Krankheit verschwindet gewöhnlich innerhalb einer Woche; sie kann aber auch wie Amöbendurchfall kommen und gehen. Etwa zwei Drittel der Infizierten sind ohne Symptome. Vor allem bei Menschen ohne Symptome bilden Amöben wie auch Giardia-Erreger Zysten, die länger als eine Woche außerhalb des Körpers leben können und ansteckend sind.

Sowohl Giardia wie Amöben werden durch Stuhluntersuchungen diagnostiziert. Am genauesten sind Tests im Labor. Du nimmst an Ort und Stelle ein Abführmittel, und eine Stuhlprobe wird sofort unter dem Mikroskop untersucht, um aktive Parasiten oder Zysten festzustellen. Leider weist selbst der beste Test nur 75% aller Infektionen nach.

Sowohl Amöben wie auch Giardia werden mit kombinierten Medikamenten behandelt, zu denen gewöhnlich Flagyl, eine chinolinhaltige Arznei wie Di-iodohydroxyquin oder verschiedene andere Medikamente gegen Parasiten gehören. Jede Therapie hat Nebenwirkungen, die bei empfindlichen Menschen ernst sein können. Die Art der Behandlung ändert sich oft und hängt auch davon ab, wo du lebst. Wenn du Unterleibsschmerzen oder Darmbeschwerden hast, die dir neu sind, solltest du unbedingt einen Arzt oder ein Krankenhaus aufsuchen, um dich auf Parasiten untersuchen zu lassen. Zu den vorbeugenden Maßnahmen gehören Zahnschutzgummi beim oralen Verkehr, Handschuhe beim Faustverkehr und Kondome auf Spielzeugen, die anal benutzt werden. Selbst wenn du Handschuhe benutzt, solltest du daran denken, deine Finger nicht in den Mund zu stecken, um eine anal-orale Verunreinigung auszuschließen. Es ist außerdem ratsam, eine Gummidecke aufs Bett zu legen, die man nach dem Sex abnehmen und waschen kann; es können nämlich mikroskopisch kleine Kotteilchen darauf sein. Auch Handtücher, die man während des Verkehrs oder danach benutzt, müssen gewaschen werden. Du kannst Sagrotan verwenden, wenn du Mikroorganismen mit Sicherheit abtöten willst.

Ich erwähne hier auch *Hepatitis A*, obwohl sie meist keinen Durchfall verursacht; denn wenn sie durch Geschlechtsverkehr verbreitet wird, geschieht dies auf dieselbe Weise wie bei Amöben und Giardia. Andere Anstecksungsquellen sind infiziertes Wasser oder Essen, vor allem Schellfisch, in dem sich die Viren gewöhnlich im Spätherbst oder im frühen Winter festsetzen. Sie ruft leichtes Fieber, eine grippe-ähnliche Krankheit und Gelbsucht (gelbe Haut und gelbe Augäpfel, hellgrauer Stuhl, brauner Urin) hervor, kann ein bis zwei Monate dauern, erfordert keine spezielle Behandlung und verschwindet fast immer völlig.

Es gibt zwei dokumentierte Fälle von Lesbierinnen, die nach oral-analem Kontakt mit einer infizierten Frau erkrankt sind. Zu den Präventivmaßnahmen gehören die Verwendung von Zahnschutzgummi, Handschuhen und Kondomen wie beim Schutz gegen Parasiten. Es ist nicht notwendig, nach dem Sex das Bettlaken zu wechseln.

Herpes ist ein Virus, das Pusteln hervorruft und meist an den Lippen ('Fieberbläschen') oder den Genitalien auftritt, ziemlich selten an anderen Körperstellen. Der erste Ausbruch ist meist von mehr Pusteln begleitet als die folgenden, er ist schmerzhafter und kann Fieber und grippe-ähnliche Symptome hervorrufen. Herpes wird durch direkten Kontakt mit den Bläschen verbreitet, und man kann sich auch anstecken, wenn man ein feuchtes Handtuch benutzt, das vor kurzem mit Herpespusteln in Berührung gekommen ist, oder wenn man sich auf den heißen Rand einer Badewanne setzt, den ein Herpeskranker soeben berührt hat.

Die Übertragung von Herpes ist jedoch nicht immer ein gradliniger, einfacher Vorgang. Es gibt zwei Stämme von Herpesviren, HSV-1 und HSV-2. HSV-1 befällt hauptsächlich den Mund, und HSV-2 zieht die Geschlechtsorgane vor, aber auch der umgekehrte Fall ist möglich. Etwa ein Drittel bis zur Hälfte der Amerikaner sind gegen beide Stämme immun, und viele dieser Immunen können sich nicht erinnern, jemals an Herpes erkrankt gewesen zu sein. Dennoch hatten sie Kontakt mit dem Virus und können andere anstecken. Andererseits ist es möglich, daß sich im Gebärmutterhals oder im Urin Herpesviren befinden, ohne daß der oder die Betroffene jemals erkrankt war. Darum ist es schwierig zu sagen, wer andere anstecken und wer sich selbst von anderen anstecken kann. Ich habe einmal zwei Jahre lang Sex mit einer Herpeskranken gehabt, ohne Sicherheitsvorkehrungen zu treffen, und hatte nie einen Herpesausbruch. War sie ansteckend oder nicht? Bin ich immun? Oder bin ich herpeskrank und weiß es nur nicht? Ich habe keine Ahnung!

Der beste Rat, den ich geben kann, ist, Sicherheitsmaßnahmen zu treffen und nicht in Herpes-Panik zu verfallen. Es kommt nicht sehr häufig vor, daß man erkrankt, ohne jemals sichtbare Herpesbläschen berührt zu haben.

Wenn du Herpes hast, geh in die Apotheke und kaufe L-Lysin (eine Aminosäure) in Tabletten zu je 500 Milligramm. Nimm während eines Ausbruchs dreimal täglich zwei Tabletten und sonst eine zweimal am Tag. Dadurch wird die Ausbreitung des Virus eingedämmt. Andere vorbeugende Maßnahmen sind Schutz vor Sonnenbrand und Streßreduzierung. Wenn du oft Ausbrüche hast, geh zum Arzt und frage ihn, ob du als Therapie oder zur Unterdrückung der Symptome Zovirax nehmen sollst.

Warzen an den Geschlechtsteilen (Condylomata acuminate) werden von einem Virus verursacht. Wenn sie sich außen am Körper befinden, sehen sie aus wie kleine, gepunktete, hautfarbene Bläschen auf den Schamlippen, auf dem Damm oder am After. Sie können auch im Mastdarm, in der Scheide oder im Gebärmutterhals auftreten, wo man sie ohne Spiegel nicht sehen kann. Sie sind ansteckend und verbreiten sich durch direkten Kontakt. Sie sind sowohl unangenehm als auch gefährlich. Unangenehm ist der Umstand, daß man sie sehr schwer los wird. Es gibt mehrere Arten der Behandlung, die alle manchmal wirken und manchmal nicht, u.a. Kältebehandlung, Elektrotherapie (Verbrennen mit einer elektrischen Nadel) und chirurgische Entfernung.

Die Gefährdung liegt darin, daß es fünf Arten von Warzenviren gibt und zwei davon verdächtigt werden, an der Vulva, im Gebärmutterhals und im Mastdarm Krebs zu verursachen, obwohl nicht bewiesen ist, daß eine Warzenvirusart tatsächlich krebserregend ist.

Wenn du äußere Warzen hast, sollte dein Arzt auch im Körperinnern danach suchen. Durch einen Abstrich kann man abnorme Gebärmutterhalszellen feststellen, die auf eine Infektion mit dem Warzenvirus zurückzuführen sind.

Du bist es dir selbst schuldig, einmal im Jahr einen solchen Abstrich machen zu lassen und auch alle anderen Stellen, wo du Warzen hast, untersuchen zu lassen. Spiele nicht mit deiner Gesundheit.

Hepatitis B ist eine meist bei schwulen Männern sexuell übertragbare Krankheit, aber auch bestimmte Lesben können daran erkranken: Frauen, die in Krankenhäusern oder psychiatrischen Kliniken arbeiten; Frauen, die sich Drogen spritzen und die Nadel mit anderen teilen oder sie auf der Straße kaufen; Frauen, die ungeschützt Geschlechtsverkehr mit schwulen Männer haben; und südostasiatische Immigranten der ersten Generation.

Wenn deine Sexpartner/innen einer dieser Risikogruppen angehören, unterliegst auch du einem erhöhten Risiko, an Hepatitis B zu erkranken. Symptome sind u.a. allgemeines Unwohlsein, gelbe Haut, grüngelbe Augäpfel, hellgrauer Stuhl und brauner Urin. Doch ziemlich viele Hepatitiskranke fühlen sich, als ob sie Grippe hätten, oder sie sind überhaupt nicht krank. Das Virus wird in allen Körperflüssigkeiten erkrankter Menschen abgesondert, einschließlich Speichel, Scheidensekret und Urin (nicht aber im Stuhl, wie ich gelesen habe). Du kannst vorbeugen, indem du Sicherheitsvorkehrungen beim Sex triffst und Injektionsnadeln und S/M-Spielzeug nicht mit anderen teilst.

Gegen Hepatitis B gibt es eine wirksame Impfung. Entgegen allen Gerüchten verursacht der Impfstoff kein AIDS. Wenn du einer Risikogruppe angehörst, solltest du herausfinden, ob du die Impfung benötigst oder ob du bereits immun bist. Es geht auch darum auszuschließen, daß du an Hepatitis erkrankt oder ein Träger bist.

Warum ist Hepatitis B gefährlich? Sie ist wie eine Lotterie. Vielleicht wirst du gar nicht krank, und wenn doch, wirst du dich wahrscheinlich nach einigen Monaten wieder besser fühlen, obwohl du ebenso wahrscheinlich eine Menge Arbeitszeit und Geld für Behandlungskosten verlieren wirst. Doch bei etwa 1-3% der Hepatitiskranken entwickelt sich eine chronische, aktive Hepatitis, die nicht heilt; und bei einer sehr kleinen Anzahl entwickelt sich eine heftige Hepatitis, die tödlich sein kann.

Wenn du also einer Risikogruppe angehörst oder Geschlechtsverkehr mit solchen Leuten hast, kläre ab, ob du eine Impfung benötigst.

AIDS (erworbenes Immunschwäche-Syndrom) ist die schlimmste sexuell übertragbare Krankheit. Schon das Aussprechen des Wortes hebt den Blutdruck und erhöht den Puls. AIDS hat mehr Wissenschaftler veranlaßt, unbewiesene, voreilige Stellungnahmen abzugeben als jede andere Krankheit in diesem Jahrhundert.

Man glaubt, AIDS werde von einem Virus verursacht, das man als Immunschwäche-Virus oder HIV bezeichnet (früher HTV-III); es ist eines der vielseitigsten Viren, die jemals entdeckt wurden. Es kann die Proteine in seiner Oberfläche so rasch verändern, daß es (bis jetzt) keine wirksame Impfung dagegen gibt. Es stört sehr geschickt die inneren Prozesse der Zellen des menschlichen Immunsystems und der Nervenzellen und ist dabei äußerst empfindlich. Soviel man heute weiß, stirbt es rasch ab, wenn es mit Betaisodona oder Braunovidon, kochendem Wasser, 70%igem Alkohol, Wasserstoffperoxid, Bleichmitteln oder Nonoxynol-9 in Berührung kommt. Es kann Gummi, also auch Zahnschutzgummistückchen, nicht durchdringen.

Um sich mit dem AIDS-Virus zu infizieren, muß man mit dem Blut oder einer Körperflüssigkeit einer erkrankten Person in Kontakt kommen. Das Berühren eines AIDS-Kranken, Küssen auf den Mund und sogar Blutspritzer auf der Haut (sofern sie rasch abgewaschen werden) verursachen, soviel man weiß, kein AIDS. Meide ungeschützten Geschlechtsverkehr, Penetration mit verunreinigten Objekten und Drogenspritzen mit unsauberen Nadeln und Kolben (vor allem, wenn du Kokain spritzt, denn dabei wird Blut mehrmals in den Kolben gezogen und wieder ausgespritzt). Ein bloßer Stich mit einer Nadel, die mit Blut eines AIDS-Kranken behaftet ist - denkbar in Krankenhäusern -, verursacht nach heutigem Wissen keine AIDS-Übertragung. Faustverkehr kann zu winzigen Rissen in der Scheide oder im Mastdarm führen; danach könnten etwa im Sperma vorhandene Viren leichter in den Körper gelangen. Ungeschützter Sex mit einem Mann nach einem Faustverkehr ist eine ganz große Dummheit. Einige Leute glauben, Drogenabhängige hätten ein höheres Risiko, an AIDS zu erkranken; aber wir wissen nicht, warum das so sein soll. Die Verabreichung von Drogen mit *sterilen* Nadeln aus einer Klinik oder aus der Apotheke verursacht kein AIDS. Das AIDS-Virus wurde zwar im Speichel gefunden, aber es gibt keine eindeutigen Beweise dafür, daß AIDS durch leidenschaftliches Küssen übertragen werden kann.

Triff Sicherheitsvorkehrungen beim Sex. Wenn du mit einer Substanz in Berührung kommst, die deiner Meinung nach mit dem AIDS-Virus infiziert sein könnte, wische sie mit einer der obengenannten Chemikalien ab. Gerate nicht in Panik!
Drogensüchtige sind stark AIDS-gefährdet, weil es schwierig ist, sterile Spritzen zu bekommen. Straßenhändler profitieren von der AIDS-Hysterie, indem sie gebrauchte Nadeln wieder verpacken und als steril verkaufen. Um eine AIDS-Übertragung durch Injektionen zu verhindern, besorge dir deine Spritzen selbst, teile sie nie mit anderen und laß sie nie irgendwo herumliegen, wo andere sie benutzen könnten. Die Spritzen sollten vor jedem Gebrauch sterilisiert werden, auch wenn du glaubst, sie seien neu. Du kannst medizinischen Alkohol, ein Bleichmittel (im Verhältnis bis zu 1:10 verdünnt) oder kochendes Wasser verwenden. Wenn du Alkohol oder ein Bleichmittel nimmst, ziehe die Flüssigkeit mehrmals in den Kolben und leere ihn wieder. Dann nimm die Nadelspitze ab und lege sie 15 Minuten lang in die Flüssigkeit. Setze die Spritze wieder zusammen, spritze die Flüssigkeit aus und reinige das Instrument, indem du mehrere Male Wasser (am besten gekocht und abgekühlt) einziehst und wieder hinausdrückst. Wenn du kochendes Wasser benutzt, nimm die Nadel ab und den Kolben heraus, koche alle drei Teile 15 Minuten lang, kühle sie und setze sie wieder zusammen. Kochendes Wasser macht Plastikspritzen mit der Zeit im Inneren klebrig, aber es ist gut anwendbar bei Glasspritzen.

Es gibt keinen AIDS-Test. Der berühmte HIV-Antikörpertest sagt dir nur, ob du in der Vergangenheit Kontakt mit AIDS-Viren hattest. Dies ist der Fall, wenn der Test positiv ausfällt. Es gibt nur eine kleine Chance, daß das positive Testergebnis falsch ist. Bedeutet das nun, daß du an AIDS erkranken wirst?

Heute schätzt die amerikanische Gesundheitsbehörde, daß etwa 50% der Menschen mit einem positiven Testergebnis innerhalb von zehn Jahren an AIDS oder einem mit AIDS verbundenen Symptomkomplex erkranken. Man weiß jedoch noch nicht genug über die Krankheit, um sicher sagen zu können, was der Test beim einzelnen Menschen bedeutet. Der Test wurde entwickelt, um Blutkonserven zu schützen, und für diesen Zweck ist er geeignet. Die amerikanische Regierung und verschiedene Firmen, zum Beispiel Versicherungsgesellschaften, finden es in zunehmendem Umfang politisch nützlich, so die Diskriminierung unterdrückter Bevölkerungsgruppen zu fördern. Falls es in den Vereinigten Staaten zu den Massenuntersuchungen kommt, die Regierung und profitsüchtige Kreise derzeit so lautstark fordern, wird der Prozentsatz der Menschen, deren Test positiv ist und die sich dennoch nie infiziert haben, drastisch ansteigen.

Ich empfehle den Test nicht für Menschen, die bei guter Gesundheit sind, außer wenn eine Schwangerschaft gewünscht wird oder wenn jemand überängstlich ist und das psychische Trauma einer AIDS-Hysterie schwerer wiegt als das Risiko eines positiven Tests.

Ist bei einem Menschen bereits AIDS diagnostiziert worden, kann der Test ein wertvolles Diagnosemittel sein. Wenn du getestet wirst, achte darauf, daß strikte Vertraulichkeit bewahrt wird und daß du das Ergebnis auch verkraften kannst. Achte außerdem darauf, daß du dort, wo der Test gemacht wird, über die Bedeutung des Ergebnisses beraten wirst. Wenn jemand ein positives HIV-Antikörpertest-Resultat erhält, können die Folgen in seelischer Hinsicht verheerend sein; manche haben schon Selbstmord begangen, nur weil ihr Test positiv war.

Denke daran: Ein positives Testergebnis bedeutet nicht, daß du erkranken mußt, und ein negatives Ergebnis bedeutet nicht das Gegenteil.

Nachtrag

Eine Schwangerschaft ist keine sexuell übertragbare Krankheit, aber ich habe noch nirgends etwas über sicheren S/M-Verkehr mit Schwangeren gelesen, und darum möchte ich hier einige Informationen dazu geben.

Szenen mit einer schwangeren Frau sind unbedenklich, solange man Vernunft walten läßt. Du kannst sie auf alle Körperteile schlagen, die auch sonst geeignet sind. Die Brüste sind tabu. Schlage nicht auf Krampfadern an den Beinen. Der Unterleib ist ohnehin immer ausgeschlossen. Klistiere sind erlaubt, sofern der Wasserbeutel nicht leckt. Oralverkehr ist unbedenklich; aber es ist nie ratsam - weder bei Schwangeren noch bei Nichtschwangeren -, in die Scheide zu blasen, weil dies zu einer Luftembolie führen kann. Verletze Hämorrhoiden nicht. Eine auf dem Rücken liegende Frau solltest du nach dem sechsten Schwangerschaftsmonat nie länger als 10-15 Minuten fesseln.

Frauen, bei denen die Gefahr einer Frühgeburt besteht, und die 'Sexverbot' haben, sollten dies als 'Orgasmusverbot' auffassen. (Bei anderen Schwangeren sind Orgasmen unbedenklich.) Die Gebärmutterkontraktionen, die mit dem Orgasmus einhergehen, können in der überempfindlichen Gebärmutter den Geburtsvorgang auslösen. Das bedeutet auch: keine Selbstbefriedigung. Wenn du zu denjenigen gehörst, die bei nichtgenitalen Praktiken, zum Beispiel beim Züchtigen, kommen können, fällt auch das aus - so leid es mir tut!

Es ist außerordentlich wichtig, behutsam mit der seelischen Verfassung einer Schwangeren umzugehen, sei sie Domina oder Serva. Seelische Schocks sind die Hauptursache für traumatische Fehlgeburten. All die vielen Hormone können den seelischen Zustand einer Frau häufig und auf ungewöhnliche Weise verändern; darum ist es unerläßlich, oft und offen miteinander zu besprechen, was in euch beiden vorgeht. Das solltet ihr ohnehin immer tun.

Wenn eine schwangere Frau diese Richtlinien befolgt, können sie und ihre Partner/innen eine irre und lustvolle Schwangerschaft genießen.

Dorothy Allison

»Verdammt!«

»Oh, oh! Bitte!« Allie kreischte fast.
 Didis Zähne zerkratzten Allies Schultern, ihre Finger glitten über Allies Bauch und Hüfte, sie gruben sich ein und griffen zu, als ihr Unterleib heftig gegen den Schamhügel der kleineren Frau stieß.
 »Oh ... gut. Du bist so heiß. So heiß!«
 Allie keuchte und zappelte kurz, als Didi mit einem Knie ihre Beine auseinanderzwang und kräftige, dicke Finger zwischen die dunklen, geschwollenen Schamlippen schob.
 »Oh!«
 Didis Zähne bissen wieder zu, und dann war der Mund weg, er glitt an Allies Körper hinab; die Zähne faßten nach ihren Nippeln, ihrem Nabel, ihrer Scham; die Zunge schien flüssiges Feuer auf ihrer Haut zu hinterlassen.
 »Warte, warte!«
 Allie befreite sich und richtete sich auf. Sie deutete mit einem Arm zum Nachttisch. Mit einem Knurren zog Didi sie wieder nach unten und biß sie in den Schenkel.
 »Ach, Scheiße! Nein, warte«, protestierte Allie.
 Sie drehte sich auf den Bauch und erreichte endlich mit den Fingerspitzen der rechten Hand den Nachttisch. Sie zog die Schublade auf und ergriff die flache, viereckige Schachtel, die neben der Tube mit dem Gleitmittel lag.
 »Da ... nimm.«
 Didi klatschte beide Hände auf Allies schweißnasse Hinterbacken und zog sie zurück auf die Matratze. Geschickt drehte das große Mädchen Allie um und spreizte ihr nochmals die Beine.
 »Vergiß den Quatsch!« schimpfte Didi und legte ihr ganzes Gewicht auf Allies Beine; ihr Gesicht wühlte sich in Allies feuchte Schamhaare.
 Mit einem Schrei griff Allie in Didis weißblonde Locken und zog ihr nasses Gesicht nach oben, weg von ihrer Möse. Didis überraschtes Zischen wurde zum Schmerzgeheul, als ihr Allies harte Knie gegen die Rippen schlugen und das kleinere Mädchen das größere gewandt auf den Rücken drehte.
 »Was fällt dir ein?«
 Allies Stimme war schrill vor Entrüstung. Ihre Finger kniffen schmerzhaft in Didis Schenkel.
 »Hat dir noch niemand Manieren beigebracht, du großer Dickschädel?«
 Allie zwang Didis Schenkel auseinander und öffnete dann die kleine Schachtel. Ein dünnes grünes Quadrat flog durch die Luft und klatschte auf Didis schweißige Brust. Ein weiteres folgte und landete auf ihrem Hals, während ihr das dritte ins Gesicht flog. Allie legte die Hand flach auf das dritte

Viereck, rieb damit heftig auf Didis Mund hin und her und erfaßte die Zunge des Mädchens.

»Mhm ...!«

Didi versuchte zu schreien, zu beißen; aber Allie schob ihr einfach die gummigepolsterten Fingerknöchel zwischen die Zähne, während ihre andere Hand auf die nassen, zarten Schamlippen zwischen Didis Schenkeln klopfte. Didi kreischte, biß zu und kreischte wieder. Ihr Mund war voll Gummi und eigenem Speichel. Ihre Möse zuckte im gleichen Rhythmus wie Allies klopfende Hand. Ihre Augen füllten sich mit Tränen.

»Mich beißen? Was fällt dir ein!«

Allie spreizte ihre schlanken Schenkel und hielt Didis Schenkel gewaltsam offen. Die Klapse auf die Möse gingen weiter, nur gemildert von den Gummiquadraten, die Allie um die Finger gewickelt hatte. Allmählich entkrampfte sich Didis Mund, und Allies Fingerknöchel bewegten sich unerbittlich hin und her, während ihre freie Hand weiter stetig und erbarmungslos auf Didis Möse schlug. Plötzlich biß Didi wieder zu, als es ihr kam; sie stöhnte durch Allies Finger und räusperte sich überrascht, als die kleinere Frau sich entspannte und die Finger herauszog.

»Das laß dir 'ne Lehre sein«, murmelte Allie und langte nach der Gleitcreme, bestrich großzügig ein frisches Gummistückchen und klebte es an die eigene Möse.

Während sie Didi am Haar hielt, zog sie das Gesicht des schlaffen Mädchens hinunter zwischen ihre Schenkel.

»So ist's recht«, knurrte Allie fast schelmisch.

Gehorsam streckte Didi die Zunge heraus, um die geschwollene Knospe von Allies Kitzler zu umhüllen, die sich unter dem Gummi vorwölbte. Sie saugte den dünnen Gummi in den Mund und hielt ihn mit den Wangen fest, während sie mit der Zunge gleichmäßig das Köpfchen des Kitzlers zu reiben begann.

»O, gut!«

Allie atmete aus, entspannte und versteifte sich wieder in Didis Rhythmus.

»Man spürt's so doll unter dem Ding. Oh! Das tut gut!«

Ihre Hüften ruckten nach oben, während Didi die Schultern hob, um ihr zu folgen.

»Du bist ja so geil, Mädel!«

Sie bewegte die Hände hin und her und griff mit den Fingern in Didis feuchte Locken, während ihre Füße nach unten schwangen und Didis Hüften umklammerten.

»So geil!«

Cynthia Astuto und Pat Califia

Du willst also Sadistin werden? Wie man's macht, damit's schön wehtut in einer leichten Lektion

Wir sind uns darüber im klaren, daß einige der Empfehlungen zur Sicherheit in diesem Beitrag auch in anderen Teilen dieses Buches erwähnt werden. Dennoch wiederholen wir sie hier, damit potentielle Servas nicht glauben, wir wüßten nicht, wie man jene endlosen, aufgeblasenen und egoistischen Gespräche über die Feinheiten und Details des 'sicheren S/M-Spiels' führt, die all die anderen Dominas in der Welt so sehr schätzen. Wir möchten nicht in den Verdacht geraten, Außenseiterinnen, Psychopathinnen oder Verliererinnen zu sein - die Servas könnten sich sonst weigern, mit uns zu spielen.

Aber im Ernst, Leute - diese Informationen sind so wichtig, daß eine Wiederholung angezeigt ist. Und wir bringen auch Neues. Der eigentliche Zweck dieses Kapitels ist es, deine S/M-Spiele so heiß zu machen, daß deine Partnerinnen zu dir zurückkommen und nach mehr, mehr, mehr verlangen! Wenn du das nicht willst, informiert dich die Post gern darüber, wie man seine Telefonnummer ändert.

Das Vorgespräch

Das ausführliche Vorgespräch ist der erste Teil einer S/M-Szene, und wenn man dafür sorgt, daß es erotisch ist, kann es euch beide scharf machen. Vielleicht findest du es interessanter, die Unterhaltung in deiner Domina-Aufmachung zu führen oder plötzlich von der umgänglichen, aufmerksamen Gesprächspartnerin zur gemeinen und herrischen Domina oder zur kalten und grausamen Sadistin oder zu was auch immer zu wechseln.

Ein gründliches und vollständiges Gespräch kann gleichbedeutend sein mit dem Unterschied zwischen einer sicheren und heißen Szene und einer, an die du mit Schaudern zurückdenkst. Es ist zudem eine ausgezeichnete Möglichkeit für die Domina, mit der Übernahme der Kontrolle zu beginnen. Die Serva sollte nach ihrer bisherigen Sexlaufbahn gefragt werden, nach früheren S/M-Erfahrungen sowie Gesundheitsproblemen (Asthma, Rückenbeschwerden, schlechter Durchblutung, Diabetes, Hämophilie usw.), die sich auf ihre Gelenkigkeit, ihre Fähigkeit, Schmerzen zu ertragen, und auf deren Grenzen auswirken können. Frag sie, was sie verweigert, was sie vielleicht tun wird und was sie tun möchte. Frag sie nach ihren Sexphantasien und erkundige dich, ob sie schon einmal ein Sicherheitswort (ein Wort, das während des S/M-Spiels wahrscheinlich nicht zufällig benutzt wird und das bedeutet »Ich hab' Schwierigkeiten; laß uns aufhören und über die Szene reden«) verwendet hat (an ein Sicherheitswort in der Vergangenheit wird sie sich eher erinnern als an ein neues). Und frag sie auch, warum sie gerade mit der Frau, die ihr all diese impertinenten persönlichen Fragen stellt, ein S/M-Spiel anstrebt.

Eine Domina sollte auch die Serva mit allen wichtigen Informationen über ihre körperlichen und seelischen Grenzen versorgen und ihr sagen, was sie sich von der Szene verspricht. Eine Domina hat ebenfalls das Recht, nein zu sagen, ein Sicherheitswort zu benutzen oder Forderungen zu stellen, damit die Szene sie befriedigt.

Im allgemeinen finden zwei Frauen, die scharf aufeinander sind, genügend Gemeinsamkeiten, um sich eine Szene auszudenken, die beide sexuell anspricht. Wenn die Vorstellungen einer Serva jedoch um etwas kreisen, wofür die Domina sich nicht erfahren genug hält (oder was sie nicht mag), oder wenn die Serva das Gefühl hat, das Bedürfnis der Domina nach einer bestimmten Rolle oder Forderung nicht erfüllen zu können, ist es wohl besser, auf das S/M-Spiel zu verzichten.

Es gibt viele verschiedene Typen von Dominas und Servas. Wenn ihr beide scharf auf S/M-Praktiken seid, so ist das noch keine Garantie dafür, daß ihr zusammenpaßt. Eine Serva (diejenige, die in einer Szene eine passive, untergeordnete oder empfangende Rolle vorzieht) kann mehreren allgemeinen Gruppen angehören, zum Beispiel den Devoten, den Masochistinnen und den Fetischistinnen.

Eine Devote ist hauptsächlich daran interessiert, Objekt des Willens einer anderen Person zu sein oder von diesem Willen überwältigt zu werden. Es kann sein, daß sie diese Rolle willig annimmt und sich bemüht, deine Befehle und Anordnungen tadellos auszuführen; es ist aber auch möglich, daß sie rebellisch ist und dich nötigt, sie zum Gehorsam zu 'zwingen', oder daß sie sich ungeschickt anstellt, um damit zu signalisieren, daß sie für ihr Versagen bestraft werden möchte. Wenn Unterwürfige Schmerzen genießen (das ist nicht immer der Fall), dann eher im Zusammenhang mit dominantem Verhalten (»Ich tu das, um dir zu zeigen, daß du mir gehörst«) als mit Sadismus (»Ich tu das, weil du es magst«).

Masochistinnen empfinden sexuelle Lust bei Beschwerden und Schmerzen und können sehr wählerisch sein, was die benutzten Instrumente betrifft oder die Empfindungen, die sie erdulden möchten. Der Erfolg einer Szene hängt davon ab, ob du imstande bist zu verstehen, was sie sexuell erregt, und dies dann in die Praxis umzusetzen. Es gibt verschiedene Typen von Masochistinnen. Manche ertragen die Schmerzen, die du ihnen zufügst, mit stoischer Ruhe; andere fordern dich vielleicht heraus, über ihre Schmerzgrenze hinauszugehen; und einige können teils devot, teils masochistisch sein und nach starken Schmerzen streben, die Knechtschaft oder Strafe symbolisieren. Manche Masochistinnen haben wenig oder kein Bedürfnis nach dominanten/unterwürfigen Rollen und genießen selbst oder gegenseitig zugefügte Schmerzen mehr als solche, die ihnen eine unberührbare Person zufügt. Andere Masochistinnen suchen nach einer transzendentalen Erfahrung, die im Verlassen des Körpers oder in höchster Euphorie bestehen kann. Diese Bewußtseinsveränderungen sind die Folgen von Endorphinen, die der Körper absondert, wenn er unter Streß steht.

Auch Fetischistinnen können devot oder masochistisch oder am S/M-Rollenspiel desinteressiert sein. Sie sind vielleicht nur deshalb in der S/M-Gemeinschaft, weil sie nach geeigneten Leuten suchen, mit denen sie Kleiderspiele veranstalten können. Zu den häufigsten Fetischen gehören Schuhe oder Stiefel, Gummi, Leder, Korsetts, Kleidung des anderen Geschlechts, religiöse Figuren, Uniformen, Motorräder, Waffen oder Körperteile wie Füße oder Brüste. Wenn jemand einen Fetisch hat, ist es äußerst wichtig für die Domina, diesen herauszufinden und zu benutzen. Wenn ein fetischiertes Objekt oder Körperteil während einer Szene nicht zur Verfügung steht, ist die Domina möglicherweise nicht imstande, anhaltendes erotisches Interesse wachzuhalten. Selbst wenn der Fetisch dich nicht sonderlich anmacht, kannst du ihn verwenden, um die Serva wenigstens so bei Laune zu halten, daß sie auf andere S/M-Spiele eingeht. Der Fetisch kann zur Strafe zurückgehalten oder als Belohnung versprochen werden, bis er wie Pawlows Glocke ein bestimmtes Verhalten auslöst.

Wie man eine öffentliche S/M-Szene richtig aufheizt

Eine öffentliche Szene kann ein Spiel bei dir zu Hause mit mehr als zwei Personen sein, sie kann in einer S/M-Lederbar oder während einer Sexparty stattfinden oder sich an einem Ort abspielen, der nichts mit der S/M-Gemeinschaft zu tun hat, zum Beispiel in einem Restaurant oder einem kleinen Gäßchen.

Wenn eine Szene mehr als zwei Personen umfaßt oder in der Öffentlichkeit abläuft, wird das Vorgespräch etwas umfangreicher. Es empfiehlt sich, folgende Gesichtspunkte zu besprechen: Ist die Szene nur für Gleichgesinnte bestimmt? Was geschieht, wenn sie vorbei ist? Soll die dritte Partnerin bei dir schlafen oder nach Hause gehen? Dürfen sich die Teilnehmerinnen auf der Party trennen und mit anderen Frauen vergnügen? Versteht die dritte Partnerin, welche Grenzen sich ein Paar gesetzt hat? Man kann vereinbaren, daß untereinander alle Arten von Sex erlaubt sind, mit anderen jedoch nur, wenn Schutzvorkehrungen getroffen werden; oder zwei Partnerinnen können andere von bestimmten S/M-Spielen ausschließen. Was halten die Teilnehmerinnen davon, andere zum Mitmachen aufzufordern oder ihnen das Zuschauen zu erlauben? Wenn Voyeurismus oder die Teilnahme anderer an der Szene unerwünscht sind, sollte eine der Dominas dafür verantwortlich sein, ungebetene Teilnahmewillige abzuweisen oder das Publikum auszuschließen. Möchten die Partnerinnen ein spezielles Sicherheitswort verwenden für den Fall, daß sie eifersüchtig oder unsicher werden?

Wenn möglich, mach dich mit der Örtlichkeit einer öffentlichen Szene im voraus vertraut. Prüfe, ob die Geräte gut und sicher sind. Kann die Beleuchtung verbessert werden, wenn sie nicht ausreicht? Wer treibt sich dort herum? Werden diese Leute ein dankbares Publikum sein oder eine Belastung? Was mußt du mitbringen? Sind beispielsweise Hand- und Fußschlaufen für die Schlingen, Doppelklammern, Gleitmittel, Handschuhe, Gummilaken, Handtücher vorhanden, oder mußt du einiges davon mitbringen?

Wenn die Szene sich nicht in privatem Rahmen mit sorgfältig ausgewählten Gästen abspielt, sollten die Dominas darauf vorbereitet sein, mit Störungen durch intolerante, schlechterzogene oder bloß neugierige Zuschauer fertig zu werden. Eine Szene, die nicht im engsten S/M-Kreis stattfindet, muß entweder sehr dezent, kurz oder ausgeklügelt sein, damit man sie ohne Unterbrechung durchziehen kann.

Eine von uns nahm zum Beispiel kürzlich eine Serva mit in ein feines französisches Restaurant und spielte dort eine sehr intensive Szene mit ihr. Zur Szene gehörte, daß die Serva eine frischrasierte Möse hatte und ein sehr aufreizendes Abendkleid trug, das vorn bis knapp an die Scham geschlitzt war. Dazu trug sie Strümpfe, Strumpfhalter - und kein Höschen. Die Serva war während des ganzen Essens davon überzeugt, daß jedermann im Restaurant ihr unters Kleid sehen und die Situation einschätzen konnte. Diese Paranoia wurde noch verstärkt durch geflüsterte Drohungen, neckische Bemerkungen und gelegentliches Fummeln unter dem Tisch. Falls jemand etwas Ungewöhnliches bemerkt haben sollte, wagte er nicht, sich das anmerken zu lassen. Es war die öffentliche, elegante Umgebung wie auch das Zusammenspiel der beiden, die diese Szene geil machten.

Sex und engstirnige Sadomasochistinnen

Novizinnen mögen darüber erstaunt sein, daß genitaler Sex ebenfalls erwähnt und besprochen werden muß. *Setze nie etwas voraus.* Stelle immer Fragen.

Manche S/M-Fans verzichten in allen ihren Szenen auf Genitalsex. Unserer Erfahrung nach möchten ziemlich wenige Dominas während eines eher gelegentlichen Spiels sexuelle Dienste von der Serva haben. Manchmal erwarten sie auch von ihr, sich selbst zu befriedigen, wenn sie kommen will. Natürlich gibt es auch Dominas, die genitalen Sex mit der Serva genießen (oder sogar darauf bestehen) oder verlangen, daß die Serva sie bis zum Orgasmus stimuliert.

Manche Servas haben komische Vorstellungen darüber, wie Dominas kommen sollten. Oft wird es als unangebracht angesehen, daß sie durch Ficken zum Orgasmus kommen; es wird als servil angesehen. Wir halten das für unfair und für den Wunsch einer faulen Serva, die ihre Hände am liebsten auf ihrem eigenen Kitzler festschweißen möchte.

Es gibt Möglichkeiten für Dominas, Penetrationen zu genießen, ohne ihr dominantes Gehabe zu mildern. Man kann beispielsweise einen Dildo an der Hüfte oder am Gesicht der Serva festschnallen und sie fesseln und hilflos machen, während die Domina auf ihr reitet.

Es gibt mehr als nur einen Weg, Sex in eine Szene zu bringen. Es kann sein, daß verschiedene Partnerinnen verschiedene Wünsche in dir wecken. Manchmal ist es erotisch, jemanden in eine Windel zu wickeln oder zu peitschen, nicht aber, auf deren Gesicht zu sitzen und sie lecken zu lassen. Selbst wenn du beim oralen Sex Orgasmen hast, ist die Serva dabei womöglich nicht sehr gut oder diese Art von *Körperkultur* reizt dich nicht besonders. Was ein Sexualakt für einen Menschen bedeutet, ist mindestens so wichtig wie seine Geschicklichkeit bei der Ausübung.

Einer Serva Sex zu geben, kann eine nützliche Methode sein, sie bei der Stange zu halten und ihre Toleranzgrenze für Schmerzen anzuheben; doch es kann ebenso wirksam sein, sexuelle Stimulation oder Befriedigung zu leugnen.

In unserer Gesellschaft sind starke Frauen für Rollenspiele knapp. Da Sex als etwas Erniedrigendes für Frauen angesehen wird, kann es für eine Domina schwierig sein, ein Verfahren zu entwickeln, das Orgasmen einschließt. Wenn die lesbische S/M-Gemeinschaft eine Domina verspottet, die eine direkte körperliche Belohnung erhält, trägt das zur Verschärfung des Problems bei. Eine *steinerne Domina* zu sein, ist manchmal schwierig, ärgerlich, frustrierend und wie eine Strafe. Dominas können dieses Problem nicht allein lösen. Die ganze Gemeinschaft muß damit aufhören, sexuelle Lust bei Frauen als etwas anzusehen, was die Stärke einer Frau verringert. Denken wir daran, daß eine unbefriedigte Domina wenig motiviert ist, für die Befriedigung ihrer Serva zu sorgen.

Seelisches Wohlbefinden

Es ist viel leichter, Regeln für die körperliche Sicherheit aufzustellen als für Handlungen, die unangenehme seelische Folgen haben können. Selbst wenn du deine Grenzen und Wünsche sowie die deiner Partnerin sorgfältig abklärst, kann sich während der Szene etwas ereignen, was zu Mißstimmungen führt. Es ist nützlicher, darüber nach dem Spiel zu sprechen, als einander anzuklagen, es sei denn, jemand hat absichtlich etwas verbergen wollen, ein festgelegtes Limit überschritten oder die Gefühle der Partnerin verletzt. Gebt euch gegenseitig Selbstbestätigung und Unterstützung und hakt die Szene ab, um ein anderes Mal darauf zurückzukommen.

Setzt euch nach einer Szene zusammen, damit ihr alle eintretenden Reaktionen verarbeiten könnt, selbst wenn sie ausnahmslos positiv sind. Dominas können hinsichtlich der Nachwirkungen einer S/M-Szene ebenso unsicher sein wie Servas.

Im allgemeinen ist es günstig, Wünsche offen zu lassen. Phantasie ist hungriger als der Körper. Eine Serva (oder eine Domina-Novizin), die weiß, daß sie mehr hätte tun können, wird eher um eine weitere Zusammenkunft bitten als eine, die ausflippt, weil es ihr so gründlich besorgt wurde. Dies heißt nicht, daß man nicht mit neuen Techniken experimentieren oder auch mal intensiver spielen sollte. Aber man sollte ein S/M-Spiel nicht zu einem Wettkampf oder Wettrennen machen.

Seelisches Wohlbefinden ist besonders wichtig bei Verbalspielen (vor allem demütigenden), bei Rollenspielen mit Über- und Unterordnung, bei Spielen mit Geschlechtertausch und bei devotem Verhalten. Wenn das Spiel ein Thema hat, das bei Menschen unangenehme oder zwiespältige Gefühle weckt, besteht Aussicht auf eine richtig heiße Szene, die eine Katharsis, also die Beseitigung der negativen Gefühle, zur Folge hat. Ebenso besteht jedoch ein größeres Risiko, die Gefühle der Partnerin zu verletzen. Wichtig ist, daß die Spielerinnen einander aufrichtig respektieren und gern haben und daß sie brisante Dinge behutsam angehen. Obgleich das S/M-Spiel bei manchen von uns therapeutischen Wert haben mag, wäre es unklug, darin einen Therapieersatz zu sehen.

Rollen

In Teilen unserer Gemeinschaft besteht die Auffassung, daß es mehr Servas als Dominas gibt und daß Servas nicht so wichtig oder wertvoll sind wie Dominas. Dies kann eine Serva, nur weil sie keine seltene Gelegenheit versäumen will, dazu verleiten, eine falsche Wahl zu treffen und sich an jede Domina zu klammern, die zumindest ein kleines Interesse an ihr zu haben scheint, selbst wenn sie gar nicht zu ihr paßt. Diese sehr unattraktive Einstellung ist als *Serva-Krankheit* bekannt. Mit einer anderen Serva nach Hause zu gehen oder seine eigene Domina zu sein, ist immer besser als eine Domina mitzunehmen, die gefährliche Spiele spielt, die nicht mag, was du magst, oder der du nicht wirklich gefällst. Eine Domina ist keine öffentliche Einrichtung und sollte nicht so behandelt werden, als ob sie verpflichtet sei, jede Serva zu bedienen (womöglich lebenslang), die das Bedürfnis danach hat.

Es sind nicht immer Servas, die Rollenspiele mißbrauchen. Eine Domina, die meint, sie sei mehr wert als jede Serva, nur weil sie ihre Schlüssel an die linke Seite hängt, kann von der sogenannten *Domina-Krankheit* befallen werden. Womöglich hält sie sich für berechtigt, Dinge zu verlangen, die niemand mit Recht von anderen Menschen verlangen darf; sie kann stur und egoistisch werden; sie kann sich einbilden, die Serva stehe für immer in ihrer Schuld; und sie kann eine Phobie gegen serviles Verhalten entwickeln.

Erfahrene Sadomasochistinnen wissen, daß bewährte Servas in Bezug auf Status und Ausstrahlung einer hochangesehenen Domina gleichkommen - und vielleicht auch ihre Führungsqualitäten. Während ihrer S/M-Laufbahn sammeln viele von uns Erfahrungen sowohl in der Serva- als auch in der Domina-Rolle. Diese Flexibilität ist sicherlich nicht der einzige Weg, eine gesunde Sadomasochistin zu sein, aber wir alle könnten das S/M-Spiel sicherer und genußvoller füreinander machen, wenn wir jede Rollenwahl anerkennen, die unsere Schwestern treffen.

Wenn du mit S/M-Fans zusammenkommst, ist es oft lästig, immer wieder Fragen zu beantworten wie »Bist du 'ne Serva oder 'ne Domina?« und »Worauf stehst du?« Es ist besser zu sagen: »Mir ist das alles neu und ich weiß es noch nicht so recht«, als zu bluffen. Wenn du eine Frau triffst, die dir gefällt, sei bereit, über deine Träume zu sprechen, und offenbare deinen Mangel an Erfahrung. Wenn dich jemand abweist, weil du Novizin bist, hättest du an der Betreffenden wohl ohnehin keine Freude gehabt. Nimm dir viel Zeit, bevor du dich mit Etiketten behängst. Manche Menschen klammern sich nie an eine bestimmte Rolle.

Inzest und Vergewaltigung

Viele Menschen haben Phantasien über verbotenen Sex. Entsprechende Szenarios können erregend sein, weil sie die Serva aller Verantwortung entheben, weil sie ein Macht-Ungleichgewicht in einem sehr intimen Bereich bedeuten, weil das *Opfer* sich dabei überwältigend attraktiv fühlen kann, weil sie die Möglichkeit bieten, durch Sich-Sträuben Adrenalin zum Fließen zu bringen, oder weil die Partnerin, die vergewaltigt oder mißbraucht, eine Person mit äußerster und unwiderstehlicher Macht darstellen kann.

Die praktische Darstellung derartiger Phantasien ist für Menschen, die damit reale Erfahrungen haben, oft problematisch; aber es ist ihr Recht, auch solche Vorstellungen heranzuziehen, wenn sie sie erotisch finden oder wenn sie eine reinigende Wirkung auf sie haben. Frauen, die Phantasien über verbotene Handlungen durchspielen möchten, wollen eher beherrscht werden als Komplizen bei einer Mißbrauchshandlung sein.

Es kann hilfreich sein, einen Trip wie diesen erst durch verbale Phantasien bei normalem Sex zu testen, um herauszufinden, wo die kritischen und wunden Punkte liegen. Es ist gut zu wissen, ob die Vorstellung eine so heftige Reaktion auslöst, daß eine nach ihr gestaltete S/M-Szene nicht lustvoll, sondern gefährlich wäre.

Wenn Widerstand zur Phantasie gehört, sollte man darauf achten, daß niemand die Beherrschung verliert und daß eine Serva, die von der Domina nicht überwältigt werden kann, diese unterstützt. Die Domina kann auch Gehilfinnen heranziehen oder es so einrichten, daß sie keine Hilfe benötigt.

Manchmal kommt es bei derartigen Szenen darauf an, daß es der Serva gelingt, *Angriff* oder *Mißbrauch* abzuwehren. Wer Vergewaltigung oder Inzest miterlebt hat, kann das Bedürfnis empfinden, auf diesem Weg Überlegenheit zurückzugewinnen. Da eine solche Inszenierung wohl das Gegenteil dessen ist, womit die meisten Dominas rechnen, sollte sie im voraus besprochen werden.

Demütigung

Demütigung ist die freiwillige Erniedrigung des Status einer Serva auf eine erotisierte, aber auch stigmatisierte Identität. Dabei kann sich die Serva
 a) in ein Objekt oder eine Maschine,
 b) in ein Tier,
 c) in ein Kind oder Baby,
 d) in einen Angehörigen des anderen Geschlechts,
 e) in ein Sexobjekt oder Geschlechtsorgan oder
 f) in eine Dienerin oder Sklavin
verwandeln. Die Demütigung kann auch darin bestehen, daß die Serva als Mitglied einer Rasse, einer sexuellen Gruppe oder einer gesellschaftlichen Schicht behandelt wird, gegen die die Domina angeblich Vorurteile hat oder die sie ablehnt usw. Die gewählte Gruppe braucht keine Minderheit zu sein. Es ist beispielsweise mindestens so üblich, ein heterosexuelles Mädchen dadurch zu demütigen, daß man es eine Möse lecken läßt, wie einen schwulen Mann dadurch, daß er einen Schwanz lutschen muß. Eine mildere Art von Demütigung sind sexuelle Verlegenheit oder Scham. Dabei handelt es sich um das seelische Äquivalent körperlicher Schmerzen, und es gibt Menschen, die scharf auf Demütigung sind oder sie nicht ausstehen können, ebenso wie es Servas gibt, die Masochistinnen sind oder aber Schmerzen scheuen.

Die meisten Menschen lassen sich in einer S/M-Szene nicht gern durch Methoden demütigen, die ein schlechtes Gefühl bei ihnen hervorrufen. Von dieser Regel gibt es jedoch Ausnahmen.

Die erotische Wirkung der Demütigung gründet sich häufig auf Furcht. Die Serva fürchtet sich vielleicht davor, von ihren sexuellen Trieben überwältigt zu werden. In diesem Fall kann es äußerst erregend sein, wie eine Sexsklavin oder wie eine bloße Körperöffnung behandelt und angesprochen zu werden.

Man benötigt ein gutes Gespür, um Demütigung wirkungsvoll anzuwenden. Das ist nicht sehr geeignet bei Menschen, die wenig Vorstellungskraft oder eine geringe sprachliche Ausdrucksfähigkeit haben, und bei den wenigen, die buchstäblich keine Scham kennen.

Demütigung ist eine ausgezeichnete Arznei gegen die pseudoliberale Einstellung, im Bereich des Sexuellen und der Nacktheit sei alles möglich. Durch die Wiederbelebung der Idee, Sex sei schmutzig, unanständig und eklig, kannst du eine übersättigte Lesbe in höchste Erregung versetzen, wenn du sie in eine öffentliche Bedürfnisanstalt oder in eine läufige Hündin verwandelst.

Geschlechtsrollen-Spiele

Manche Mädchen sind gern Jungen, die in Mädchen verwandelt werden, die es in den Arsch besorgt bekommen, während sie vorgeben, Jungen zu sein, die sich als Jungen entpuppen, die gern andere Jungen blasen, die glauben, sie seien Mädchen. All das soll heißen, daß Geschlechterspiele unglaublich verrückt und vielschichtig sein können. Das Spektrum dieser Rollenspiele reicht vom einfachen Zweier zwischen Mannweib und Frau, einem beliebten Standardspiel, über das Tragen von Frauenkleidern trotz des Umstandes, daß die Betreffende sich sonst mit der maskulinen Rolle identifiziert, bis zur Verkleidung als Mann, wobei Sex mit einer anderen Frau, die ebenfalls Männerkleidung trägt, hinzukommen kann.

Beim S/M-Spiel kann man nicht davon ausgehen, daß die maskulinste Teilnehmerin auch die Domina ist. Wer von euch Hosenrollen-Girls *Governess* von Harriet Marwood gelesen hat und Richard, ihr weibischer Junge, sein wollte, weiß, was wir meinen.

Die Wahl der Geschlechterrolle ist problematisch, vor allem für diejenigen von uns, denen das Gefühl eingetrichtert wurde, sie seien unansehnlich oder abnorm. Obgleich Frauenkleider normal zu sein scheinen, kann es für eine Lesbe ebenso wichtig (und heilend) sein, eine schöne, feminine Frau darzustellen, wie es für eine andere Frau wichtig sein kann, endlich ein Stadium in ihrem Leben zu erreichen, wo sie immer Männerkleider tragen darf. Eine Frau, die man seit ihrer Kindheit auf den *kleinen Unterschied* hingewiesen hat, kann beim Umgang mit Make-up, Wäsche und Damenmode ebensolche Schwierigkeiten haben wie beim Binden einer Krawatte.

Manche von uns möchten die Freiheit haben, sowohl die maskuline wie auch die feminine Rolle zu spielen; andere entscheiden sich für eine Rolle an einem Ende der Skala und streben dabei nach Perfektion. Beides sind angemessene Überlebensstrategien in einer feindseligen und irrationalen Welt, wo die Identität der Geschlechter streng polarisiert wird.

Um erfolgreich in eine Geschlechtsrolle zu schlüpfen, muß man visuelle und andere Signale entsprechend präparieren - zum Beispiel Kleider, Make-up, Haltung und Gang, Stimme, Gesichts- und Körperbehaarung (oder ihr Fehlen). Leute vom Theater sind dabei hilfreich. Auch Modejournale, Veröffentlichungen für Transvestiten und Transsexuelle sowie deine perversen Schwestern kannst du zu Rate ziehen. Zusätzliche Hilfsmittel (ein Brustbinder, ein Dildo zum Umschnallen, Bärte und Perücken, ein Stütz-BH, falsche Brüste usw.) können dir helfen, die gewünschte Illusion zu erzeugen.

Penetration

Lies dazu die Kapitel über *Vaginal- und Analpenetration, S/M und Erste Hilfe* sowie *Durch Geschlechtsverkehr übertragbare Krankheiten bei Lesben.* Dort findest du Informationen über Sicherheit und Gesundheit bei Penetrationen.

Diese Art des konventionellen Geschlechtsverkehrs wird auch bei S/M-Szenen häufig praktiziert, vielleicht deshalb, weil sie Besitz und Herrschaft so einfach symbolisiert. Es gibt zwei Arten der Penetration: diejenige, bei der ein Körperteil benutzt wird, und diejenige, bei der Gegenstände benutzt werden. Manche Lesben mögen Dildos und andere Objekte nicht, und andere lehnen Penetrationen überhaupt ab. Denjenigen, die sie mögen, sind die folgenden Anregungen gewidmet.

Die aufmerksame Gastgeberin hält eine reichliche Auswahl von Dildos in verschiedenen Größen, Formen und Farben bereit. Jeder menschliche Körper ist anders, und ein Dildo, der gut paßt, verschafft bestimmt mehr Lustgefühle (und ist unproblematischer in der Handhabung) als einer, der zu lang, zu kurz, zu dick oder zu rauh ist.

Manche Frauen können Gummi oder Latex nicht vertragen, und wir empfehlen ihnen Dildos aus Silikon. Selbst Frauen, die nicht allergisch gegen Gummi sind, bevorzugen gelegentlich einen Silikondildo wegen seiner Textur, seiner Festigkeit und seiner Fähigkeit, sich rasch auf Körpertemperatur zu erwärmen.

Beachte auch, daß manche Frauen sich weigern, einen Dildo zu benutzen, der wie ein Penis aussieht oder umgeschnallt wird. Natürlich gibt es auch Frauen, die keinen Sinn darin sehen, ein Objekt zu verwenden, das nicht eindeutig phallisch ist.

Wenn du einen Dildo benutzen möchtest, interessiert es dich vielleicht, wie man einen umgeschnallten Dildo verwendet. Er läßt deine Hände für andere Aktivitäten frei und erlaubt dir vollen Körperkontakt. Einige Frauen sagen zudem, daß sie ein Gefühl der Macht verspüren, wenn sie mit dem ganzen Körper ficken, ein Gefühl, das sie nie haben, wenn sie ihre Hand oder mit der Hand festgehaltene Gegenstände benutzen.

Es kann schwierig sein, einen umgeschnallten Dildo zu verwenden, wenn deine Partnerin und du verschieden groß seid. Dann müßt ihr eben die Stellung oder die Winkel ändern, Kissen benutzen und so weiter. Es kommt auch oft vor, daß der Dildo herausrutscht, ohne daß du es merkst. Eine rücksichtsvolle Serva wird in diesem Fall etwas Nettes sagen wie:» Oh, bitte füll mich wieder mit deinem riesigen Liebeshammer!« anstatt »Kannst du nicht aufpassen, du Niete?« Servas, die in so heiklen und zarten Augenblicken ätzende Bemerkungen machen, sollte man in den Straßenverkehr zum Spielen schicken.

Ein gutes Zaumzeug ist stabil genug, den Dildo eng am Körper zu halten, während du ihn rein und raus schiebst. Ein billiger elastischer Halter macht nicht lange mit und kann bewirken, daß der Dildo zurückprallt und deine zarten Teile verletzt. Die Halterung sollte so verstellbar sein, daß du dir den Dildo entweder zwischen die Beine klemmen (wenn du ihn außerhalb deiner Wohnung anbehalten willst) oder in die gebrauchsfertige Position bringen kannst. Manche Frauen können, wenn sie ficken, durch den Druck der Dildobasis gegen die Klitoris zum Orgasmus kommen.

Vibrierende Dildos können nützlich sein, wenn das Arschloch einer Novizin gedehnt werden soll. Die Muskeln im Mastdarm sind darauf eingestellt, zu drücken und sich zusammenzuziehen, wenn auf den Darm Druck ausgeübt wird. Etwas in den After zu stecken, geht ihm sozusagen gegen den Strich und erfordert eine Gewöhnungszeit. Beim Nach-vorne-Beugen öffnet sich der After. Die Mastdarmschleimhaut reagiert sehr empfindlich auf Reibung. Am Anfang ist es leichter, sich an Objekte wie Analstöpsel zu gewöhnen, die man einführen und, um die Empfindlichkeit voll auszukosten, stecken lassen kann, als richtiges Ficken zu ertragen.

Fesselung

Auch wenn es erträglicher zu sein scheint, jemanden mit Seidentüchern als mit ledernen Handschellen zu fesseln, sind Nervenquetschungen in den Handgelenken und Knöcheln durch Tücher (oder einfache Stricke) wahrscheinlicher. Nervenschäden können vor allem im Daumenbereich eintreten, lange bevor sich ein Glied taub anfühlt, und sie können zu dauerndem Verlust des Gefühls führen oder sogar bewegungsunfähig machen. Lerne ein paar einfache Knoten. Mach keinen Mist, denn es gibt Knoten, die sich zusammenziehen, wenn die Serva sich wehrt. Besorge dir ein paar weiche, weite lederne Fesseln. Sie gewährleisten die notwendige Sicherheit. Eine Klammer, die Panikschnalle genannt wird, ist bei allen Fesselungen im Stehen unentbehrlich; man bekommt sie in S/M-Sexläden, in Geschäften, die Bergsteiger ausrüsten, und bei Lieferanten für Viehzüchterbedarf. Eine Panikschnalle kann selbst dann gelockert werden, wenn ein Gewicht an ihr hängt; du mußt also eine Bewußtlose nicht hoch und über die Klammer heben, wie es bei einer normalen Doppelklammer der Fall ist.

Mehr über Sicherheitsvorkehrungen beim Fesseln findest du in anderen Kapiteln dieses Buches.

Eine Möglichkeit, den erotischen Charakter einer Fesselung zu bewahren, besteht darin, daß du dich fragst: »Warum ist diese Person gefesselt?« Soll sie der Züchtigung hilflos ausgesetzt sein? Soll sie sexuell vollständig verfügbar sein? Willst du damit angeben, wie geschickt du Knoten binden kannst? Wenn du die Partnerin kostümierst, achte darauf, daß die Kleidung ihrem Zweck entspricht. Ein Hündchen sollte Halsband und Leine tragen, nicht Zwangsjacke und Kapuze! Willst du mit der Fesselung erreichen, daß das Opfer hübsch aussieht? In diesem Fall sollte das Kostüm zum Körpertyp passen. Sollen die Fesseln unter der Kleidung verborgen und während eines Spaziergangs auf der Straße getragen werden? Entscheide dich, ob die Person imstande sein soll, bestimmte Dinge ohne dich zu erledigen, zum Beispiel ins Bad zu gehen oder zu essen. Soll die Fesselung ein Schmerztrip sein oder dem Entzug der Sinneswahrnehmung dienen? Stellt die Fesselung bereits die ganze Szene dar?

Wenn du dir über den Zweck der Fesselung klar bist, kannst du die richtige Ausstattung wählen, und du hast ein Thema, über das du schmutzige Reden führen kannst, damit die Serva nicht unaufmerksam wird, während du den Strick aussuchst, den Gummianzug auspackst, die richtige Länge der Kette herausfindest, die Schlüssel für die altmodischen Handschellen suchst, die Packungen mit den Plastiktüchern stapelst und so weiter.

Entzug der Sinneswahrnehmung

Hierbei handelt es sich um die Fesselungsart, die die Kontrolle über die Innenwelt der Serva einschließt. Der Gebrauch eines oder mehrerer Sinne wird ihr verwehrt. Augenbinden, Ohrstöpsel, Kapuzen, Knebel, Aufhängevorrichtungen, körperenge Trikots, Plastiktücher und -bänder oder andere Hilfsmittel zum Mumifizieren, Eintauchen in Wasser oder totale Dunkelheit - all dies kann genutzt werden.

Wer geknebelt ist, kann kein Sicherheitswort aussprechen. Man muß sich deshalb ein anderes Signal ausdenken. Du kannst der Serva eine Murmel oder ein Glöckchen in die Hand geben, die sie fallen lassen kann, wenn sie in Schwierigkeiten gerät. Wenn die Serva völlig hilflos ist, muß die Domina ihr Leben und ihre Gesundheit ganz besonders schützen.

Der Entzug der Sinneswahrnehmung kann eine sehr sinnliche Erfahrung sein und das Gefühl, zu schwimmen oder zu schweben, hervorrufen. Manche Menschen berichten, daß sie in einen glückseligen und ruhigen Geisteszustand geraten. Doch es kann auch eine Art der Folter sein. Die Sinne versorgen das Gehirn ständig mit Eindrücken. Wird dieser Informationsfluß unterbrochen, hungert das Gehirn nach Eindrücken. Wenn jemand zwanzig Minuten oder länger von Sinneswahrnehmungen abgeschnitten wird, ist das Gehirn so ausgehungert, daß es sämtliche Empfindungen verstärkt. Manche Frauen berichten, sie hätten nach längerem Verweilen ohne sinnliche Wahrnehmung Orgasmen gehabt, nur weil ihnen die Kniekehlen gestreichelt wurden.

Läßt man jemanden zu lange in diesem Zustand, beginnt das Gehirn, selbst Eindrücke zu produzieren, das Opfer halluziniert. Die Zeit bis zum Auftreten der Halluzinationen ist von Mensch zu Mensch verschieden und hängt zudem davon ab, wie vollständig der Entzug ist.

Wer aus diesem Zustand auftaucht, empfindet Leere im Kopf und ist verwundbar. Was man zuerst sieht oder hört, wird oft in seiner Bedeutung überhöht und kann einen bleibenden Eindruck hinterlassen. Während dieser Zeit muß die Domina sich sorgfältig überlegen, was sie tut und was sie sagt.

Einschränkung der Atmung

Atemnot ist eine potentielle Gefahr beim Fesseln. Eine gefesselte Serva sollte man nicht allein lassen, wenn sie mit dem Gesicht nach unten auf einer weichen Unterlage liegt. Fesseln, die sich um den Hals zusammenziehen können, sind gefährlich.

Während der Masturbation verstricken sich manche Servas so in ihre Fesseln, daß die Atmung behindert wird. Das kann sehr gefährlich sein. Nur wenige Sekunden Druck auf eine der Halsschlagadern (sie befinden sich seitlich am Hals, unter und vor den Ohren) genügt, um Bewußtlosigkeit hervorzurufen. Wenn du ohnmächtig wirst, während du in strangulierenden Fesseln hängst, bleibst du unter Umständen solange bewußtlos, daß du dich erdrosselst, wenn niemand da ist, der dich losbindet.

Wenn du das Gefühl der Atemnot reizvoll findest, ist es für dich viel sicherer, während der Szene eine erfahrene Domina deine Atmung überwachen zu lassen, damit du dich nicht strangulierst. Jemanden mit den Händen zu würgen, ist noch am sichersten; aber wenn du das selbst machst, kannst du die Situation nicht mehr selbst kontrollieren.

Über Würgegriffe kannst du etwas bei ein paar Stunden Judo-Unterricht lernen oder sie dir von einem geübten Judoka zeigen lassen. Man kann auch eine Gasmaske umrüsten, indem man einen Strohhalm in die eine Nasenklappe klebt und die andere zuklebt. Wenn man dann ein Plastikstück hinter den Luftfilter steckt oder darüberklebt, erhält man ein luftdichtes Siegel. Die Serva atmet durch den Strohhalm. Wenn du das Gummistück über der Nase zudrückst oder das Ende des Halmes zuhältst, kannst du die Luftzufuhr unterbinden. Die durchsichtigen Plastikteile über den Augen erlauben es dir, den Zustand der Serva zu überwachen. Auch manche Kapuzen erlauben, die Einschränkung der Atmung zu kontrollieren. Du solltest in der Lage sein, jede zu diesem Zweck benutzte Maske oder Kapuze innerhalb von Sekunden zu entfernen.

Vermeide Verletzungen der Luftröhre und des Rachens. Du darfst niemanden bewußtlos machen und auch die Luftzufuhr nicht völlig unterbinden, um eine sehr harte Szene zu produzieren. Wer nicht tief einatmen kann, verliert das Zeitgefühl; die Person weiß nicht, ob sie fünf Sekunden oder fünf Minuten lang nach Luft geschnappt hat. Verliert jemand das Bewußtsein, solltest du darauf vorbereitet sein, künstliche Beatmung anzuwenden, falls es erforderlich ist. Sei dir außerdem im klaren darüber, daß es zu Gehirnschäden kommt, wenn du eine Halsschlagader auch nur für ein paar Sekunden zudrückst. Drücke also nie auf die Halsschlagadern, um jemanden bewußtlos zu machen.

Sei dir bewußt, daß es äußerst gefährlich ist, mit der Atmung eines Menschen zu spielen. Man darf sich damit weder beiläufig noch ohne zulängliche Informationen, Ausrüstung und Übung befassen. Atemspiele dürfen niemals mit Drogen oder Alkohol verbunden werden. Wenn du eines Menschen Atmung einschränkst, spielst du mit seinem Leben. Man muß es richtig machen. Wenn du einen Fehler machst, bekommst du keine zweite Chance.

Infantilismus

Das Alter ist eine der größten Barrieren in unserem Leben und unserer Kultur. Durch das Alter werden Menschen strikt getrennt; dies geht so weit, daß Kinder aus verschiedenen Schulklassen nicht miteinander spielen dürfen.

Der hilflose Zustand des Kleinkindes und die Freiheit, die Babys genießen, ziehen viele Erwachsene an. Säuglinge dürfen die Kontrolle über ihre Körperöffnungen verlieren, gierig sein, sich beschmutzen und nach Belieben alles anfassen; sie werden gefüttert, gesäubert, gehätschelt, bedingungslos geliebt; sie sind in Sicherheit und dürfen sich pervers benehmen, was Erwachsene faszinieren kann. Dementsprechend reizt es viele Dominas, einen anderen Menschen ebensosehr zu beherrschen. Es kann für einen Erwachsenen schwierig sein, alle Hemmungen abzulegen und Privilegien aufzugeben. Zum Beispiel kann es einem Erwachsenen sehr schwerfallen (und peinlich für ihn sein), seine *Windeln* naß zu machen. Das Machtgefühl, das eine Domina daraus schöpft, jemanden wissentlich auf diesen Zustand erniedrigt zu haben, kann geradezu berauschend sein.

Eine solche Szene kann darin bestehen, daß eine *Mutter* (oder ein *Vater*) ein kleines Kind badet, pudert, wickelt, füttert, mit Spielsachen versorgt, zu einem Nickerchen bettet und bestraft, wenn es schreit oder etwas Gefährliches tut. Man kann auch vorgeben, ein älteres Kind zu sein oder mit einem anderen Kind zu spielen. Eine recht seltene, aber nicht ganz unbekannte Variante ist das Kind als dominante Figur.

Babykleider in Erwachsenengröße, Windeln, Buntstifte, Rasseln, Babynahrung und anderes Zubehör können dieses Spiel interessanter machen.

Körperliche Züchtigung

Gleichgültig, ob du jemanden mit der bloßen Hand oder mit einem Werkzeug züchtigst - es gibt bestimmte Körperpartien, die du niemals schlagen sollst: Kopf, Hals und Nacken (ausgenommen die Wangen, auf die man schlagen darf - am besten, wenn das Opfer den Kopf stillhält -; aber nie so hart, daß Kiefer oder Hals gewaltsam nach hinten geschleudert werden), Magengrube, Wirbelsäule, Nieren, Kniekehlen oder andere Gelenke, den unteren Teil der Waden und Schienbeine. Beschränke körperliche Züchtigung auf Schultern, Hintern, Schenkel und Oberarme - Partien, die gut gepolstert sind.

Die Zentrifugalkraft bewirkt, daß die größte Wucht eines Schlages von der Spitze des Instruments ausgeht. Katzen und andere geschwänzte Peitschen neigen dazu, sich um den Hintern zu wickeln und den Hüftknochen zu treffen. Wenn du nicht sicher im Zielen bist, lege ein Kissen an die dir abgewandte Seite der Serva, um sie zu schützen.

Man kann zwar ohne Bedenken auf den ganzen Hintern schlagen; aber je höher oder je weiter nach der Seite man schlägt, desto dünner wird das Polster und um so schmerzhafter sind die Schläge. Wenn man den Hintern naß macht, brennen die Schläge stärker. Es ist keine schlechte Idee, deine Hand oder ein zusammengerolltes Handtuch auf das Steißbein deiner Partnerin zu legen, wenn du damit rechnest, es zu treffen.

Starre, kurze Werkzeuge (Paddel, Reitgerten, zusammengelegte Gürtel) sind leichter zu beherrschen als längere, flexiblere (neunschwänzige Katzen, Rohrstöcke, lange, geflochtene Lederpeitschen).

Manche Servas wünschen, daß das Auspeitschen von Drohungen und lauten Worten begleitet wird und nicht so sehr von Schmerzen. Je erregter das Opfer ist, desto mehr Schmerzen kann es aushalten. Je langsamer du peitschst, desto geringer ist die Gefahr, daß die Serva in Panik gerät und ihr die Lust auf das Folgende verdorben wird. Übrigens gibt es verschiedene Arten von Schmerzen, und eine Serva kann tiefe, dumpfe Empfindungen oder auch brennende bevorzugen.

Die Tatsache, daß Schmerzen für manche Menschen erotisch sind, finden andere, außerhalb der S/M-Gemeinschaft angesiedelte, schlichtweg unerträglich. Sie kapieren es einfach nicht. Aber das durch Züchtigung ausgelöste Hochgefühl ist nicht so verschieden von dem, was ein Marathonlauf oder ein hartes Rugbyspiel bewirken. Wenn der Körper unter Streß steht, sondert er mächtige Sekrete ab, hauptsächlich Adrenalin und Endorphine, und diese Chemikalien erzeugen Euphorie und verändern die Art und Weise, wie das

Gehirn Reize interpretiert, die man normalerweise als schmerzhaft empfinden würde. Die Fähigkeit, diesen Umschwung zu vollziehen, ist wahrscheinlich bei manchen Menschen größer als bei anderen - sie haben dadurch eine höhere Schmerzschwelle.

Schmerzen können auch als Kontrast zu anderen Empfindungen dienen, welche die Domina einer Serva während einer Szene zufügt. Schmerzen über einen längeren Zeitraum hinweg können das darauffolgende Vergnügen (zum Beispiel Streicheln der Haut, Stimulierung der Klitoris, ein Kuß, Vaginal- oder Analpenetration) um so intensiver machen. Selbst das Nichtvorhandensein jeder Stimulation kann angenehm sein, wenn die Schmerzen abgeklungen sind.

Der emotionale Kontext hat, wie immer, viel damit zu tun, ob jemand eine Züchtigung mit der Peitsche genießt. Züchtigung kann aus vielen Gründen erfolgen - um die Serva zu bestrafen; um sie auf die Probe zu stellen; um sie zu erregen; als Tortur, nach deren Erduldung sie belohnt wird; um *transzendente* Erlebnisse hervorzurufen; um ihr jemanden aus dem Kopf und in den Körper zu schlagen; um sie zum Weinen zu bringen; um ihre Aufmerksamkeit zu erregen, wenn sie träumt; oder einfach, um die Haut zu zeichnen.

Das Werkzeug, das die Domina wählt, sollte die Verwirklichung ihrer Ziele ermöglichen, und die Serva sollte entweder diese Ziele kennen oder in einen Zustand der Angst und Spannung versetzt werden, indem die Domina ihr sagt, etwas Schreckliches komme auf sie zu und sie werde nicht erfahren, was und weshalb.

Man kann ein Werkzeug wegen der Empfindungen, die es hervorruft, auswählen oder wegen seiner Beziehung zu einem bestimmten früheren Zeitabschnitt oder zu einer bestimmten Art von Szene. Flache, breite Instrumente (ein zusammengelegter Gürtel, Handfläche, Paddel, Peitsche für Viehtreiber oder mit breiten Schwänzen oder eine Reitgerte mit breitem Griff) rufen brennende Schmerzen hervor, die sich über eine große Hautpartie ausbreiten. Dicke, runde Gegenstände (Knüppel, ein fester, nicht biegsamer Rohrstock, Zeigestock, Gummischlauch) führen zu tieferen, zermürbenden Schmerzen. Dünne, runde Instrumente (der Schaft einer Reitgerte, Rohrstock oder eine fest geflochtene Katze) können einschneiden und brennen; man kann sie auch zurückhaltender anwenden, um eine eher subtile Wirkung zu erzielen. Einschwänzige Peitschen (Stier- und manche Hundepeitschen, lange, geflochtene Lederpeitschen) beißen und brennen und hinterlassen tiefe Spuren, wenn ein Experte sie benutzt. Diese Peitschen können in der Hand von Amateuren so viel Schaden anrichten, daß du mit Kissen und gepolsterten Säulen oder Pfosten trainieren solltest, bevor du dich damit an Menschen wagst. Bei deinen ersten Versuchen sollte das Opfer zum Nierenschutz einen Gewichtheberürtel tragen. Es sollte außerdem, sofern verfügbar, eine Lederhose und -jacke anhaben und die Arme hinter dem Kopf verschränken.

Erotische Folter

Unter dieser Überschrift haben wir verschiedene Methoden zusammengefaßt, lustvolle (aber intensive) Empfindungen hervorzurufen. Es gibt wahrscheinlich noch Dutzende von anderen, den Körper zu stimulieren. Der beste Weg, eine neue Technik gefahrlos anwenden zu lernen, besteht darin, eine verantwortungsbewußte Domina um Rat zu fragen, die diese Technik schätzt und darin Erfahrung hat.

Klammern und Klemmen. Unter diese Kategorie fällt alles, was Fleisch zusammenpreßt. Die gleichen Klemmen, die dich in der Lederabteilung eines Sexladens 30 DM kosten, kannst du in einer Eisenwarenhandlung, in einem Bürowarengeschäft usw. für 3 DM kaufen. Erotisiere deinen Supermarkt! Frauen mit Zysten in der Brust sollten intensive Brustspiele meiden. Du kannst eine neue Klemme zwischen Daumen und Zeigefinger ausprobieren, um eine Vorstellung davon zu bekommen, wie weh sie tut. Sofern eine Klemme nicht so fest ist, daß man sie überhaupt nicht benutzen sollte (weil sie Gewebe zerstört), gibt es kein festes zeitliches Limit, was ihr Verbleiben an derselben Körperstelle angeht.

Denke daran, daß eine Klemme die Blutzufuhr abschnürt und daß daher das Empfindungsvermögen schwindet. Das Entfernen der Klemme ist eine Methode, das Empfindungsvermögen schnell zurückzuerlangen - und zwar auf unangenehme Weise! Je länger eine Klemme befestigt ist, desto größer sind die Schmerzen, wenn man sie abnimmt.

Heißes Wachs. Nimm eine Kerze, die bei niedriger Temperatur schmilzt. Meide Kerzen aus Bienenwachs. Bringe die Kerze nicht in die Nähe brennbarer Dinge (wie die Haare der Serva und Schnüffeldrogen). Je höher du die Kerze hältst, desto kühler ist das Wachs, wenn es auf die Haut tropft. Einer Spur aus heißem Wachs mit einem Eiswürfel zu folgen, kann köstlich sein.

Mentholhaltige Salben. Sofern die Serva nicht allergisch darauf reagiert, kann man *Wick Vapo-Rub* oder ähnliche Salben in kleinen Mengen auf sensitive Körperpartien auftragen, um Hitze und Schaudern hervorzurufen. Mach einen Test auf einer kleinen Hautfläche, bevor du eine neue Substanz verwendest.

Da die meisten dieser Salben ölhaltig sind, solltest du Olivenöl bereithalten und dieses dann mit medizinischer Waschlotion entfernen und entzündete, gereizte Stellen mit Hamamelissalbe, Hametum oder Hamasana eincremen.

Abschürfen der Haut. Schmirgelpapier, Hundebürsten, Kopfhaut-Massagegeräte und alles andere, was eine rauhe Oberfläche hat, kann zum Abschürfen der Haut benutzt werden. Meide aber Dinge, die Splitter in der Haut zurücklassen könnten. Lies weiter unter *Blutige Vergnügen*.

Kitzeln. Kitzeln kann eine sinnliche und lustvolle Unterbrechung der harten Handlung sein, aber auch eine Art Folter, die überraschend schmerzhaft ist. Du kannst viele Dinge außer deinen Fingerspitzen verwenden, um jemanden zu kitzeln: Federn, Kaninchenpelz, einen spitzen Bambusspieß, Pinsel usw. Eines unserer Lieblingswerkzeuge zum Kitzeln ist eine winzige Bürste aus Katzenschnurrhaaren. Haut, die gepeitscht wurde, ist besonders empfindlich, und Kitzeln kann so köstlich sein, daß es fast unerträglich ist. Wenn das Kitzeln so intensiv ist, daß das Opfer lacht und sich windet, um zu entkommen, kann es qualvoll sein. Paß auf - deine Partnerin verliert womöglich die Kontrolle über Blase und Darm. Hör sofort auf, wenn sie Atembeschwerden zu haben scheint (oder zuviel Lust empfindet).

Elektrischer Strom. Es gibt zwei Haupttypen von elektrischem Spielzeug: bei dem einen wird statische Elektrizität verwendet, beim anderen heruntertransformierter Haushaltsstrom. UV-Stäbe oder Hochfrequenzgeneratoren sehen wie Vibratoren aus und verbreiten violette Funken; sie enthalten statische Elektrizität und können ohne Gefahr an jedem Körperteil angewandt werden (außer an den Augen). Anderes elektrisches Spielzeug sollte man nicht benutzen, um Strom durch den Brustkorb oder das Herz zu leiten. Eine einfache Methode, dies sicherzustellen, besteht darin, sie nie oberhalb der Taille zu verwenden. Als weitere Sicherheitsmaßnahme sollte man nur elektrisches Spielzeug benutzen, das mit Batterien betrieben wird. Wenn man es an die Steckdose anschließen kann, enthält es einen Transformator, der die Spannung des Haushaltsstroms senkt. Ein Fehler im Transformator kann zu schlimmen Schocks führen.

Entgegen einer verbreiteten Auffassung kann ein gut konstruiertes elektrisches Gerät ebenso erregend wie ein Vibrator - oder auch qualvoll sein. Die meisten haben Widerstände, mit denen man die Intensität regulieren kann. Wenn du ein Gerät benutzt, das zwei Elektroden hat, die an der Haut befestigt werden, ist es besser, die Kontakte zu schmieren. Dafür kannst du ein Gleitmittel oder eine Kontaktlinsenlösung verwenden. Salzlösungen und ölhaltige Gleitmittel zersetzen Gummi und manchmal auch metallene Kontakte. In manchen Geschäften für medizinische Artikel kann man ein Elektro-Gel kaufen. Denke daran, daß der Strom manchmal überall dorthin fließt, wo das Schmiermittel aufgetragen wurde, da es die Leitfähigkeit der Haut erhöht; die Serva wird den Strom dann nicht dort spüren, wo die Kontakte aufliegen, sondern woanders. Es ist nicht ungewöhnlich, daß jemand eine Elektrostimulation nur an einem Kontakt spürt, nicht aber am anderen. Je kleiner der Kontaktpunkt ist, desto intensiver ist die Empfindung.

Manche Menschen werden von elektrischen Spielen angezogen, obwohl sie sich davor fürchten. Eine Möglichkeit, der Serva die Angst vor der Elektrizität zu nehmen, besteht darin, ihr die Bedienung zu überlassen, so daß sie den Strom, der in ihren Körper fließt, regulieren kann. (Gewöhnlich dreht sie ihn weitaus stärker auf, als du es tun würdest.)

Wasserspiele

Darunter kann man sowohl Pißspiele wie auch Spiele mit Klistieren verstehen.
Pißspiele müssen nicht demütigend sein. Man kann sie so gestalten, daß man Zuneigung und Nähe spürt. Immerhin handelt es sich um eine heikle Angelegenheit, die bei den meisten Menschen in der Kindheit ein Trauma bewirkt hat. Es geht jedoch auch um ein menschliches Grundbedürfnis und macht wirklich Spaß. Ohne den ganzen kulturellen Ballast ist Pisse nichts weiter als warmes Wasser mit einem leichten, nicht unangenehmen Geruch, wenn die Pisse frisch ist und von einem gesunden Menschen kommt.

Andere anzupissen oder zu bestimmen, ob sie pissen dürfen oder nicht, kann eine Methode sein, sie für dich zu beanspruchen und als deinen Besitz zu kennzeichnen. Du kannst es unter der Dusche tun, wo die Pisse abläuft, gleich nachdem du dein Spiel beendet hast, oder du kannst dich auf den Schoß deiner Partnerin setzen, während sie auf der Toilette sitzt, und ihr auf den Bauch und auf die Genitalien pissen. Wenn du der Partnerin erlaubst, in die Hosen zu machen oder in Windeln zu pissen, um sie anschließend zu säubern, kann dies eine Methode sein, sie zum Kind zu machen, das du betreust.

Nur wenige empfinden ein schmerzhaftes Klistier als erotisch. Was sie wirklich wollen, ist ein Einlauf mit purem warmem Wasser, das langsam verabreicht wird und ein herrliches Gefühl der Fülle erzeugt. Ein Klistier kann den Mastdarm ziemlich stark dehnen, selbst bei Menschen, deren After sich nicht weit genug öffnet, um einen Dildo aufzunehmen. Nimm dir Zeit, das Badezimmer zu erwärmen und ein sauberes Tuch auf den Boden zu legen. Achte darauf, daß deine Ausrüstung sauber ist. Manche Leute meinen, man solle dem eingeflößten Wasser etwas Salz beigeben, um das Elektrolytgleichgewicht zu erhalten. Schmiere die Düse mit einem Gleitmittel und presse ein wenig Wasser heraus, um sicherzustellen, daß keine Luft in den Mastdarm getrieben wird, wo sie Krämpfe hervorrufen könnte. Führe die Düse vorsichtig ein und halte den Klistierbeutel nicht über die Taille. Unterbrich den Wasserzufluß, wenn deine Partnerin Krämpfe bekommt. Massiere ihr den Bauch oder erlaube ihr, sich zu entleeren, während du sie festhältst oder den Raum verläßt, je nachdem, was sie (oder dich) heißer macht.

Blutiges Vergnügen

Immer wenn du die Haut verletzt, besteht die Gefahr einer Infektion. Du kannst das Risiko senken, indem du die Haut und deine Hände vorher reinigst und sterile Instrumente benutzt. Ein durch Blut verunreinigtes Instrument sollte nie bei einem anderen Menschen verwendet werden, bevor man es sterilisiert hat. Das gilt auch für Rasiermesser; denn sie können Schnittwun-

den verursachen, die unbemerkt bleiben. Rasiermesser sind sehr sexy, aber schwierig in der Anwendung. Übe an einem aufgeblasenen Ballon mit Rasierseife. Wenn du den Ballon rasieren kannst, ohne daß er platzt, kannst du dich an Haut wagen. Rasiermesser mit austauschbaren Klingen kauft man am besten im Kosmetiksalon.
  Wenn du jemanden schneiden möchtest, wähle die Körperpartie mit Bedacht aus. Meide Gelenke, Nerven und Blutgefäße. Zu den ungefährlichen Stellen gehören die Vorderseite der Schenkel, Schultern und Oberarme. Wasche die Haut mit Betaisodona, Braunovidon oder grüner Chirurgenseife; dann reinige sie noch einmal mit sterilen Tupfern und Alkohol. Schneide nicht impulsiv, denn jeder Einschnitt in die Haut kann dauerhaft sein. Manche Menschen wollen, daß du nur eine einzige Schnittlinie ziehst; andernfalls kannst du aus dem Schneiden eine dekorative Körperkunst machen. Du kannst deine Skizze mit einem speziellen Tätowierstift auf Zeichenpapier entwerfen. Mache die Haut ein wenig naß oder fahre mit einem Deodorantstift darüber, lege das Papier über die vorbereitete Hautfläche und drücke es fest an. Wenn du das Papier entfernst, sollte sich das Muster auf der Haut abzeichnen, und du kannst ihm beim Schneiden folgen.
  Halte die Klinge senkrecht an die Haut. Nimm ein scharfes Instrument; denn ein sauberer Schnitt heilt viel besser als die zerfurchten Kanten einer Schnittwunde, die eine stumpfe Klinge verursacht. Du kannst auswechselbare, bereits sterilisierte Skalpelle bei Lieferanten chirurgischer Geräte besorgen. Denke aber daran, daß dies die schärfsten Gegenstände sind, die du jemals in der Hand gehabt hast, und behandle sie mit äußerstem Respekt. Die Serva möge dir sagen, wann du mit dem Schneiden beginnen sollst. Feßle sie sehr gründlich, sofern du sie nicht gut genug kennst, um sicher zu sein, daß sie nicht zuckt und sich selbst oder dich schneidet. Beginne mit leichtem Druck und warte mindestens 30 Sekunden, bevor du wieder schneidest, denn so lange kann die Wunde bluten. Man braucht Erfahrung, um zu wissen, wie tief man geschnitten hat. Denke daran, daß ein klein wenig Blut völlig ausreicht. Wenn du kunstvolle Schnitte machst, solltest du die Klinge immer wieder mit sterilen Tupfern und Alkohol reinigen. Wenn du fertig bist, reinige die Wunde mit Alkohol.
  Du kannst die Schnittspuren dauerhaft machen, indem du sofort nach dem Schneiden und dem Abreiben mit Alkohol betimmte Substanzen auf die Wunden aufträgst. Essig, Rotwein und Tätowiertinte werden dafür mit Erfolg verwendet. Manche Menschen neigen jedoch dazu, Farbstoffe *herauszuheilen*, und die Zeichnung fällt nicht immer gleichmäßig aus. Darum kann es sein, daß ein Muster, dem du gern Dauer verleihen möchtest, ein zweites oder drittes Mal geschnitten und mit Farbe behandelt werden muß.
  Bei manchen Menschen bildet die Haut starke Narben, und du solltest dies vor dem Schneiden abklären; denn in diesem Fall hinterläßt jeder Schnitt dauerhafte Spuren.
  Wenn dir die Hand ausrutscht, ist direkter Druck auf die Wunde eine erste

Hilfe gegen die Blutung. Wenn das Blut herausspritzt und du etwas zur Hand hast, womit du es aufsaugen kannst, nimm es; wenn nicht, lege sofort die Hand auf die Wunde und drücke darauf, bis die Blutung aufhört. Versuche nicht, eine Aderpresse anzulegen; rufe einen Arzt, wenn die Blutung anhält oder das Blut herausspritzt.

Stechen kann man mit sterilen Subkutanspritzen oder mit Nähnadeln, die im Dampfkochtopf keimfrei gemacht wurden. Dreißig Minuten in einem Dampfkochtopf machen einen Gegenstand zwar nicht völlig steril, aber dieses Verfahren ist besser, als wenn man nur Alkohol verwendet. Stichwunden, die dauerhafte Spuren hinterlassen sollen, überläßt man am besten einem Experten, und Juwelen sollten vor dem Einführen in die Haut sterilisiert werden. In lockere Hautfalten kann man Löcher stechen, die wieder zuheilen, sofern man nicht Nerven, Drüsen oder große Blutgefäße durchsticht. In die Löcher kann man kleine Gewichte hängen.

Wie die Wirklichkeit aussieht

S/M-Gemeinschaften neigen dazu, für ihre Mitglieder Normen aufzustellen. Menschen, die die Dinge leichter nehmen, werden möglicherweise weniger ernst genommen als harte Spieler - oder umgekehrt. Obwohl es für eine Gemeinschaft wahrscheinlich weniger gefährlich ist, harte S/M-Spiele zu stigmatisieren als Menschen zu verspotten, die derartige Risiken nicht eingehen, ist es einfach unfair und verletzend gegenüber denjenigen, die zu Außenseitern gestempelt werden.

In fast jeder Gemeinschaft gibt es eine Domina, die so sehr dämonisiert wird, daß man Neulinge vor ihr warnt, obgleich man mit ihr ohne Gefahr spielen kann. Gefährliche Dominas werden oft verehrt, wenn sie gutaussehend, charmant oder freundlich zu den Führerinnen der Gruppe sind. Eine Gemeinschaft, die drogenabhängig ist, kann zudem mit unzuverlässigen, wenn nicht gefährlichen Mitgliedern durchsetzt sein, deren Ruf sich eher auf ihre Fähigkeit gründet, bewußtseinsverändernde Substanzen zu besorgen oder zu konsumieren, als auf ihr Vermögen, dir ein schönes Erlebnis zu verschaffen.

Nachlässige und verantwortungslose Servas können ebenso gefährlich sein wie unfähige Dominas; aber eine Gemeinschaft, die Servas abwertet, dürfte darauf nicht mit Achselzucken reagieren, *weil Servas halt so sind*. Dies ist eine Beleidigung für ehrliche Servas, die sich bemühen, alles zu geben, und es kann eine Gefahr für gutwillige, aber naive Dominas darstellen.

Hüte dich vor dem Klatsch, der zu solchen Situationen führt. Erzähle keine Geschichten über andere weiter, wenn du nicht weißt, ob sie stimmen. Erkundige dich nach Mitgliedern, an denen du interessiert bist, und prüfe Gerüchte über sie anhand verschiedener Quellen. Ignoriere nicht alle Gerüchte, die du hörst - sie könnten immerhin wahr sein; aber stelle eigene Recherchen an und frage neutrale Mitglieder nach ihrer Meinung. Wenn du an der Eignung bestimmter Mitglieder zweifelst, spiele nicht mit ihnen, solange du keine guten Gründe hast, ihnen zu trauen. Wenn möglich, beobachte sie beim S/M-Spiel mit anderen.

Oft verbreiten sich in einer Gemeinschaft Marotten, die bei jenen Mitgliedern, die nicht *das Allerneueste* praktizieren, Minderwertigkeitsgefühle wecken. Wir haben in diesem Artikel eine breite Palette von S/M-Techniken beschrieben; aber wir legen auch Wert auf die Feststellung, daß du nicht alles tun mußt, was wir erwähnt haben. Du mußt die härteren Sachen weder praktizieren noch meiden, um eine interessante, ungefährliche, heiße und zufriedene Sadomasochistin zu sein. Wenn dir etwas gefährlich vorkommt, dann kann es für dich tatsächlich gefährlich sein, selbst wenn andere es gefahrlos praktizieren und ihren Spaß daran haben. Verlasse dich auf deinen Instinkt.

Es ist sinnlos, all diese komischen Kostüme anzuziehen, all das teure Zeug zu kaufen und sich auf allen möglichen Bockmist einzulassen, um einander zu finden, wenn wir keinen Spaß dabei haben. Und nur du selbst weißt, was dir Spaß macht.

Geh kein Risiko ein und hab deinen Spaß am S/M-Spiel. Das ist ein Befehl!

Dorothy Allison

Eine kleine Nachtmusik

Es war eine feierliche Szene, feierlich und anspruchsvoll. Anne, die Herrin, hielt einen langen, dünnen Rohrstock in der Hand. Denises Korsett war rotbraun und fest geschnürt; um ihre weißen Schuhe mit den Zehn-Zentimeter-Absätzen schlossen sich niedliche Silberkettchen, und ihr kurzes braunes Haar fiel lose über ihr Haarband, als sie sich über die Bank beugte. Denise hatte während der sechs besten Hiebe gewimmert, während der zweiten Serie »Bitte, Madame, bitte, Madame ...« gestöhnt und während der letzten sechs einfach losgekreischt. Aber sie hatte nicht gestrampelt. Sie hatte sich kaum bewegt.

Anne, ihre Herrin, machte eine Pause, den Stock an die Wange gelegt. Das Mädchen war gut. Denise gab ihre Fehler stets bereitwillig zu, bat ernsthaft um Vergebung und küßte den Rohrstock so nett, wenn alles vorbei war. Manchmal war es schwierig, einen guten Grund zur Verlängerung der Szene zu finden, obwohl man sie natürlich immer für ihr Zurückzucken und Kreischen bestrafen konnte. Vielleicht ... Anne lehnte sich leicht vor, um sich den zitternden, rosa gestreifen und schwitzenden Arsch vor ihr genauer anzusehen.

Die Striemen hoben sich in Form von parallelen Linien ab, an manchen Stellen violett und dick, an anderen rosa und fein. An zwei verschiedenen Stellen hatte der Rohrstock mit seiner Spitze getroffen und tiefviolette Blutergüsse zurückgelassen, die bereits dunkel wurden. An einer dieser Stellen funkelte ein rubinroter Blutstropfen. Weiter oben, wo eine Strieme die andere gekreuzt hatte, zeigte sich eine dünne rote Spur, ein Streifen Blut, bereit, hervorzuquellen und den Schenkel hinabzurinnen.

»Du böses Mädchen!« rief Anne und krallte ihre festen Finger in Denises Hals. »Schau, was du getan hast!«

Sie zog den Stock über den Hintern, wobei sie eine Blutspur aus beiden Wunden wischte. Dann ging sie einen Schritt vor und hielt das spanische Rohr so, daß Denise das Blut auf dem glänzend hellen Instrument nicht übersehen konnte.

»Oh, es tut mir leid, Madame!«

Denises Stimme klang völlig aufrichtig.

Anne lächelte über ihr, so daß Denise es nicht sehen konnte, und stieß den Stock hinauf an den Mund des Mädchens.

»Na?« kommandierte sie, und gehorsam leckte Denise den Stock von oben bis unten ab, bis er wieder makellos aussah.

»Du glaubst doch nicht, daß das genügt, oder?«

Die Herrin ließ Denises Nacken los und trat zurück. Sie betrachtete ihren

Rohrstock, als habe er sich in ein schmutziges Ding verwandelt. Denises Augen füllten sich mit Tränen, und sie wimmerte um Vergebung.
»Ich hab's vermasselt, ich weiß«, jammerte sie.
Anne preßte die Lippen zusammen und runzelte über Denises Selbstanklage die Stirn. Sie ließ die Finger am Stock entlanggleiten, bis an seinen roten Ledergriff. Sie rieb den geflochtenen Griff an Denises tränenverschmierten Wangen.
»Vielleicht nicht«, flüsterte sie. »Vielleicht nicht. Ich nehme an, ich kann ihn mit Wasserstoffperoxid oder Alkohol oder mit einem Bleichmittel reinigen und dann den Lack erneuern. Ja, ich denke schon.«
Fast liebevoll tippte sie mit dem Griff gegen Denises Gesicht und schob ihn nahe an den Mund, bis die Lippen des Mädchens sich öffneten. Sanft schob sie Denise den Ledergriff in den Mund und zwischen die Zähne.
»Oder ich könnte mich mit der offenkundigen Tatsache abfinden, daß du immer wieder gezüchtigt werden mußt und daß ich deshalb ein Instrument für dich allein reservieren sollte.«
Sie drückte den Stock gegen Denises Zähne und lächelte über den Versuch des Mädchens, zu nicken, und über das halbe Lächeln, das sich flüchtig um das Leder herum bildete.
»Beiß zu!« befahl Anne. »Markier ihn mit deinen Zähnen. Ich denke, du wirst mir eine Schutzhülle mit deinem eingestickten Namen dafür machen. Aber jetzt, glaube ich, verdienst du sechs weitere Hiebe, findest du nicht auch?«
»Oh ja, Madame. Ja!«
Denises Augen glänzten. Glücklich folgte sie der Bewegung des Rohrstocks in Annes Hand, als er durch die Luft schwang, um jenes typische Pfeifen der Entschlossenheit ertönen zu lassen. Sie hatte ihn mit ihrem Blut besudelt. Jetzt gehörte er ihr, ihre Herrin hielt ihn in ihrer Hand. Sie holte tief Luft und schauderte; dann lag sie ruhig da und wartete auf die Züchtigung.
»Eins, Madame! Danke, Madame.«
Beide waren wunschlos glücklich.

Diane Vera

Neun Stufen der Unterwerfung

In der S/M-Subkultur verwenden verschiedene Leute die Begriffe *devot* und *Sklave* in verschiedenem Sinn.

Wenn Devote sagen: »Ich möchte dein Sklave sein«, meinen sie manchmal nur, daß sie gefesselt und gepeitscht werden möchten.

Viele professionelle Dominante bezeichnen ihre (gewöhnlich *nicht* sehr unterwürfigen) Kunden gewohnheitsmäßig als *Sklaven*.

Das andere Extrem sind Leute, die ständig Leibeigene sein und die wirklich nur für ihre Herrin, für deren Vergnügen und Bequemlichkeit leben möchten.

Zwischen beiden Extremen gibt es viele Abstufungen.

Um der Verwirrung abzuhelfen, die aus der unterschiedlichen Anwendung der Begriffe *devot* und *Sklave* entstanden ist, habe ich die folgende Liste der neun Stufen der Unterwerfung aufgestellt; sie reicht von der geringsten Unterwerfung bis zur totalen.

(Da ich eine bisexuelle dominante Frau bin, nenne ich Dominante *sie* und Unterwürfige *er/sie*; aber die folgende Einteilung ist auch auf S/M-Personen mit anderem Geschlechtsrollenverständnis anwendbar.)

1. *Eindeutig nicht devote Masochisten/Masochistinnen oder sexuell Abartige.*
Sie sind nicht interessiert an Servilität, an Demütigung oder am Verlust der Selbstbestimmung, sondern ausschließlich an Schmerzen und/oder besonderen Empfindungen, und zwar nach seinen/ihren eigenen Bedingungen und zu seinem/ihrem eigenen *direkten* Vergnügen. Das heißt, er/sie ist nur oder hauptsächlich scharf auf eigene körperliche Empfindungen, weniger darauf, *benutzt* zu werden, um den Sadismus des Partners zu befriedigen.

2. *Scheinunterwürfige Nichtsklaven/Nichtsklavinnen.*
Sie sind nicht einmal an *Sklaven*-Spielen interessiert, wohl aber an anderen *unterwürfigen* Rollenspielen wie Schulmeisterszenen, Infantilismus, *erzwungenem* Transvestismus. Gewöhnlich interessiert an Demütigung, jedoch **nicht** an Servilität, nicht einmal im Spiel. Bestimmt die Szene in erheblichem Umfang.

3. *Scheinunterwürfige/r Sklave/Sklavin im SPIEL.*
Spielt gern Sklave/Sklavin; *fühlt* sich gern devot; liebt vielleicht hin und wieder das Gefühl, *benutzt* zu werden, um den Sadismus des Partners zu

befriedigen; ist möglicherweise in mancher Hinsicht tatsächlich servil gegenüber der Domina, jedoch nur zu den eigenen Bedingungen. Bestimmt die Szene in großem Umfang; ist oft Fetischist/in, z.B. Fußfetischist/in.

4. *Echt devote/r Nichtsklave/Nichtklavin.*
Gibt Selbstbestimmung tatsächlich auf (allerdings nur zeitweilig und innerhalb akzeptierter Grenzen); gewinnt Befriedigung hauptsächlich aus Arten der Unterwerfung, die *nichts* mit Servilität gegenüber der Domina oder dem Wunsch zu tun haben, von ihr benutzt zu werden. Gewöhnlich interessiert an seelischer Demütigung, Verwundung und/oder am Verlust der Verantwortung. Bestimmt die Szene nicht, außer in sehr allgemeiner Hinsicht; strebt aber immer nach eigenem *direktem* Vergnügen und schöpft dies weniger daraus, die Domina zufriedenzustellen.

5. *Echt devote/r Sklave/Sklavin im SPIEL.*
Verzichtet tatsächlich auf Selbstbestimmung (allerdings nur vorübergehend, nur in kurzen Szenen und innerhalb gewisser Grenzen); schöpft Befriedigung hauptsächlich daraus, der Domina zu dienen und von ihr benutzt zu werden - jedoch nur zum Zweck des (meist sexuellen) VERGNÜGENS. Mag Schmerzen oder auch nicht; wenn ja, *indirekt* an Schmerzen interessiert (d.h. er/sie genießt es, Objekt des Sadismus des Partners zu sein, wobei sehr geringe Ansprüche gestellt und sehr wenige Einschränkungen gemacht werden.

6. *Nicht engagierte, aber mehr als spielende/r Halbsklave/Halbsklavin auf Zeit.*
Gibt Selbstbestimmung tatsächlich auf (aber in der Regel nur innerhalb gewisser Grenzen); möchte dienen und von der Domina benutzt werden; möchte sowohl praktische/nichterotische als auch sexuelle/lustvolle Dienste erweisen, jedoch nur, wenn in Stimmung. Kann auch ein paar Tage lang Ganzzeit-Sklave/Sklavin sein, aber jederzeit oder nach Ablauf der vereinbarten Frist aufhören. Kann eine langfristige Beziehung zur Herrin haben oder auch nicht, behält sich aber in jedem Fall die Entscheidung vor, *wann* er/sie ihr dienen möchte.

7. *ECHTE/R Halbtags-Sklave/Sklavin nach Vereinbarung.*
Fühlt sich langfristig an eine Herrin-Sklave-Beziehung gebunden und betrachtet sich als ständigen *Besitz* der Herrin. Möchte ihr in allen Dingen des Lebens gehorchen und dienen - in praktischer/nichtsexueller wie in lustvoller/sexueller Hinsicht. Widmet den größten Teil der Zeit anderen Pflichten (z.B. Beruf), doch die Herrin hat den ersten Zugriff auf die Freizeit.

8. *Ganzzeit-Sklave/Sklavin nach Vereinbarung und in häuslicher Gemeinschaft mit der Domina.*
Betrachtet sich, von einigen wenigen Grenzen und Einschränkungen abgesehen, als Person, die ausschließlich für den Gebrauch, das Vergnügen und das Wohlbefinden der Domina lebt; erwartet dafür, als wertvoller Besitz angesehen zu werden. Kein großer Unterschied zur Situation der traditionellen Hausfrau, abgesehen davon, daß die Stellung des Sklaven/der Sklavin in der S/M-Welt mit größerer Wahrscheinlichkeit auf gegenseitigem Einvernehmen beruht, vor allem dann, wenn der Sklave ein Mann ist (denn Männer werden von der Gesellschaft sicherlich nicht zu dieser Lebensweise gezwungen). Wer in der S/M-Welt eine Vereinbarung als Ganzzeit-Sklave/Sklavin eingeht, hat eine klare Vorstellung vom Umfang seines/ihres Machtverlustes, ist daher in der Regel viel vorsichtiger, kennt die möglichen Gefahren und trifft viel klarere und genauere Absprachen, als sie normalerweise einer traditionellen Ehe vorausgehen.

9. *Totale/r Sklave/Sklavin (ohne Einschränkung) nach Vereinbarung.*
Ein häufig erstrebtes Ideal, das im wirklichen Leben wahrscheinlich nicht existiert (außer in autoritären religiösen Kulten und anderen Situationen, wo die 'Zustimmung' durch Gehirnwäsche und/oder sozialen oder wirtschaftlichen Druck erlangt wird und somit nicht gänzlich auf gegenseitiger Vereinbarung beruht). Einige S/M-Puristen bestehen darauf, daß man ohne die Bereitschaft, absolut *alles* für seine Herrin zu tun - ohne jede Einschränkung -, kein echter Sklave ist. Ich habe einige wenige Leute getroffen, die behaupteten, solche totalen Sklaven/Sklavinnen zu sein; aber in allen Fällen hatte ich Grund, diese Behauptung zu bezweifeln.

Die obige Liste ist nicht als starres System gedacht. Die meisten Devoten passen nicht haargenau in eine meiner Gruppen; es gibt noch weitere Abstufungen dazwischen. (Ein/e Sklave/Sklavin, der/die mit der Herrin zwar zusammenlebt, aber einem Beruf außer Haus nachgeht, würde z.B. der Kategorie 7 1/2 angehören). Außerdem kann der/die Devote bei verschiedenen Dominas verschiedene Grade der Unterwerfung annehmen. Meine Aufstellung hat lediglich den Zweck, das breite Spektrum der verschiedenen möglichen Bedeutungen der Begriffe *devot* und *Sklave* aufzuzeigen.
In der S/M-Subkultur wünschen sich die meisten *Devoten* Szenen aus den Kategorien 1 bis 3, während die meisten Dominas, die ich kenne (mich eingeschlossen), Sklaven/Sklavinnen aus den Gruppen 6 und 7 suchen. Wenn du ein/e Unterwürfige/r aus den Gruppen 1 bis 3 bist, ist es wahrscheinlich am besten für dich, *keine* Beziehung zu einer Domina anzustreben, sondern eher zu einer/einem Gleichgesinnten oder einer Person, die in beide Rollen schlüpft. Ihr beide könnt dann abwechselnd eure devoten oder masochistischen Phantasien ausleben.

Wenn ein/e Unterwürfige/r zu einer Domina sagt: »Ich will dein Sklave sein«, ist oft schwer zu entscheiden, was gemeint ist. Viele Menschen sind in ihrer *Phantasie* sehr viel devoter, als sie im wirklichen Leben sein wollen oder können, und viele *Sklaven/Sklavinnen*, vor allem unerfahrene, überschätzen ihr eigenes Bedürfnis nach Servilität im wirklichen Leben. Eine Domina muß *sorgfältig* herausfinden, wie weit der Sklave/die Sklavin*wirklich* gehen will. *Caveat emptor.*

Diane Vera

Arten des Masochismus und/oder der Unterwerfung

Das Folgende kann in der Realität in verschiedenen Abstufungen vorkommen. Auch in S/M-Szenen gibt es verschiedene Nuancen von Servilität und/oder Selbstaufgabe; sie reichen vom Nachspielen eines schriftlich fixierten Schauspiels bis zur wenigstens vorübergehenden echten Unterwerfung. Die folgenden Kategorien können sich überschneiden und enthalten nicht alle denkbaren Typen.

1. *WIDERSTREBENDER Masochismus/Unterwerfung.* Die Machtlosigkeit (echt oder vorgetäuscht) wird erotisiert, aber im Grund immer noch abgelehnt und gründet sich **nicht** auf eine echte, positive Einstellung zur Domina und zum Dienen. Widerstrebender Masochismus verhält sich zum echten wie die Satire zum Humor - er ist eine Methode, Lust aus Groll oder Angst zu gewinnen.

   a) *DIREKT widerstrebend:* Groll und Angst, ironische Verehrung oder geheime Verachtung der Domina, dessen, was die Domina tut (oder den/die Unterwürfige/n tun läßt), oder der Menschen, die die Domina repräsentiert (z.B. alle Frauen), werden sexualisiert. Dazu gehören unter anderem (I) die frauenfeindlichen Aspekte der Fernseh-Werbung und anderer Arten der Entrechtung, (II) männliche 'Wertschätzung' des Weiblichen, wenn sie von einem ironischen Grinsen begleitet wird, und (III) meist, aber nicht immer, der *klugscheißerische Masochismus*.

   b) *INDIREKT widerstrebend:* Nicht übelwollender Genuß an sexualisierten, abgeschwächten Situationen, die man im wirklichen Leben verabscheuen oder fürchten würde, z.B. *Vergewaltigungs*-Spiele und Genuß an sinnlichem, nicht echtem Auspeitschen. Der/die indirekt widerstrebende Masochist/in oder Devote kann die Person, der er/sie sich unterwirft (oder es vortäuscht) respektieren oder auch nicht; aber in der Regel verabscheut er/sie die Persona, die die Domina spielt.

2. *EHRERBIETIGER* Masochismus/Unterwerfung gründet sich auf eine wirklich positive Einstellung entweder zur Domina oder zu einer Persona, die die Domina annimmt sowie zur Servilität der Domina und/oder der Persona gegenüber.

a) *REDUZIERT:* Bewundert wird nicht der ganze Mensch, sondern ein Fetisch, eine Person oder ein Charakterzug.

(I)*NACHEIFERND:* Der typisch schwule Sadomasochismus, in dem der Servus die *Männlichkeit* des dominanten Mannes sowohl bewundert als auch sich einverleiben möchte.

(II)*POLARISIERT:* Der typisch heterosexuelle, vom Mann dominierte Sadomasochismus, in dem die Frau die *Männlichkeit* des Mannes zwar bewundert, sich aber **nicht** einverleiben möchte. Dazu kann auch die im Rittertum des Mittelalters verbreitete heterosexuelle unterwürfige Verehrung (Minne) zählen, die der Mann dem *Weiblichen* entgegenbringt, jedoch nur dann, wenn diese Verehrung ernst gemeint ist.

b) *PERSONENBEZOGEN:* Der/die Devote schätzt die Domina als menschliches Wesen und hat Sympathie für die vielfältigen Bedürfnisse und Wünsche der Domina sowie das Bestreben, diese zu befriedigen. (Wohl genau das, was die meisten echten Dominas - und sicher auch ich - von einem Sklaven oder einer Sklavin wollen. Doch **reine** personenbezogene devote Verehrung existiert wahrscheinlich nicht; denn ein/e Möchtegern-Sklave/Sklavin muß einige Kriterien haben, nach denen er/sie entscheidet, wem er/sie sich unterwirft. Und diese Kriterien, so vage sie auch sein mögen, stellen eine bildliche Vorstellung dar.)

3. *MASOCHISMUS MIT MAKABREM HUMOR:* Eine nicht feindselige Art des Masochismus, die auf einer Mischung von Angst und Vergnügen gedeiht. Kann Widerstand einschließen oder auch nicht. Enthält notwendigerweise ein gewisses Maß an Unterwerfung im Sinne eines Verzichts auf Selbstbestimmung (sonst gäbe es nichts zu fürchten), aber unter Umständen auch Manipulation der Domina (Beispiel: »Oh! **Das** würdest du noch nicht mit mir tun, Herrin - **oder doch?**«, in furchtsamem, aber begierigem Ton gejammert). Wird oft von einer Vorliebe für exotische Marterinstrumente begleitet. An und für sich braucht der makabre Masochismus Verehrung und Knechtschaft nicht einzuschließen; aber er geht oft mit ehrerbietiger Unterwerfung einher. Sowohl der makabre Masochismus als auch die ehrerbietige Unterwerfung werden häufig von einer Vorliebe für das Mystische oder *Jenseitige* (z.B. einer Begeisterung für schwarze Kleidung und Szenen in Spukschlössern) begleitet.

Diane Vera

Vertrag über »Sklaverei« auf Zeit

Hiermit gewähre ich,

                        (Name) ....

                        (Datum) am ....

dir,

                        (Name) ....

aus freiem Willen den uneingeschränkten Besitz an meinem Körper und meiner Seele sowie deren uneingeschränkte Benutzung von heute bis zum .....
    Ich werde dir jederzeit gehorchen und mich von ganzem Herzen vorrangig um dein Vergnügen und dein Wohl bemühen.
    Ich verzichte auf mein Recht auf Vergnügen, Bequemlichkeit und Befriedigung, es sei denn, du gestehst es mir zu oder es entspricht deinem Wunsch.
    Ich werde mit Eifer danach streben, meinen Körper, meine Gewohnheiten und meine Einstellung in Übereinkunft mit deinen Wünschen umzuformen.
    Ich werde nicht aufhören zu lernen, wie ich dich noch besser zufriedenstellen kann, und Kritik bereitwillig akzeptieren.
    Ich verzichte auf mein Recht auf Privatsphäre und jede Heimlichkeit dir gegenüber.
    Ich werde alle Fragen, die du mir stellst, aufrichtig, vollständig und nach meinem besten Wissen beantworten.
    Ich bin mir bewußt und akzeptiere, daß jedes Versagen meinerseits, deinen Wünschen uneingeschränkt nachzukommen, als ausreichender Grund für eine möglicherweise schwere Bestrafung angesehen wird.
    Unter der Einschränkung, daß meine körperliche Sicherheit bewahrt und mein Recht, meinen Lebensunterhalt zu verdienen, gewährleistet bleibt, anerkenne ich im übrigen bedingungslos dein Vorrecht, alles mit mir zu tun, was du willst, sei es als Strafe, zu deinem Vergnügen oder jedem anderen beliebigen Zweck, unabhängig davon, wie schmerzhaft oder demütigend dies für mich ist.

                        Unterschrift ....

                        Ort und Datum ....

Wenn ich beschließe, jemanden als meinen Sklaven oder meine Sklavin anzunehmen, unterschreibt er/sie den oben zitierten »Vertrag«. Der genaue Wortlaut ist Sache der Verhandlung - immerhin heißt es darin, daß der Sklave/die Sklavin **aus freiem Willen** handelt.

Gewöhnlich unterzeichnet ein/e neue/r Sklave/in einen »Vertrag« für drei Monate. Möchte er/sie danach immer noch mein/e Sklave/in sein, schließen wir möglicherweise einen »Vertrag« über einen längeren Zeitabschnitt, vielleicht über sechs oder zwölf Monate.

Natürlich möchte jede/r zukünftige Sklave/in, der/die bei Verstand ist, mich erst kennenlernen, bevor er/sie auch nur den Dreimonats-»Vertrag« unterschreibt.

»Sklaven-Verträge« sind rechtlich nicht durchsetzbar. Doch jede/r, der/die einen solchen »Vertrag« unterschreibt, ohne ihn einhalten zu wollen, wird sich sehr rasch einen recht schlechten Ruf innerhalb der winzigen, aber wachsenden Subkultur der Dominas erwerben.

Ich halte es nicht für empfehlenswert, einen »Sklaven-Vertrag« für mehr als ein Jahr ohne Unterbrechung zu schließen, und ich glaube definitiv nicht an *lebenslange* »Sklaven-Verträge«. Menschen ändern sich. Bei den Leuten, die ich kenne, durchlaufen die dauerhaftesten S/M-Beziehungen in der Regel eine intensive, totale (oder fast totale) Herrin-Sklave/Sklavin-Phase, die vielleicht ein paar Jahre anhält; danach entwickeln sie sich zurück zu einem weniger streng definierten Verhältnis, in dem die Domina immer noch die Führerin ist und der/die Devote sich immer noch bemüht, die Domina in jeder Hinsicht zufriedenzustellen, wobei der/die Unterwürfige aber eigene Rechte hat. Ich bezweifle, daß ein Mensch - außer in autoritären religiösen Kulten - seine Selbstbestimmung *für immer* völlig aufgeben kann, während eine *zeitweilige* Selbstaufgabe für manche eine erregende und in emotionaler Hinsicht lohnende Erfahrung sein kann.

Und diese Menschen - gleichgültig, wie lange sie devot bleiben mögen - dürfen **nicht** als schwach, unwürdig oder wertlos verachtet werden. Es ist im Gegenteil etwas Kostbares, eine/n Sklaven/in zur Seite zu haben. Eine derart totale Selbsthingabe erfordert auf ihre Art Stärke und Mut.

Die Autorin versteht es meisterhaft, den Konflikt zwischen dem Wunsch nach absoluter Herrschaft und den alltäglichen Anforderungen, wie sie zwischen Menschen existieren, zu beschreiben. Sie geht mit sich ins Gericht und offenbart schonungslos die verschlungenen Beweggründe ihrer Leidenschaft. Neben erotisch reizvollen Stellen stehen Reflexionen, neben Sklavenbriefen stehen ihre Tagebucheintragungen. Dieses vielfältige Mosaik liest sich spannend und bietet genügend Diskussionsstoff für das Verhältnis von Macht und gespielter Ohnmacht.

Schlagzeilen, Hamburg

Rinella Tagetes
DER NÄCHSTE SKLAVE BITTE!
126 S., br.
DM/sF 19.80/öS 155.--
ISBN 3-88677-960-2

Pat Califia, namhafte Pionierin der Erotik, wirft einen Blick hinter die Maske der dominanten und devoten Sexualität - in eine Welt der unternehmungslustigen Erwachsenen, in eine Welt des Vergnügens und Experimentierens, die zu oft durch Unwissenheit und Angst verdunkelt wird. Die Autorin ist ehrlich und natürlich, geistreich und gut informiert. Sie entmystifiziert die 'Szene' für Novizen und erklärt Terminologie und Technik, die hinter vielen verleumdeten, aber mißverstandenen Verhaltensweien stecken.

Dabei konzentiert sich Pat Califia auf die echten, positiven Erfahrungen mit Dominanz und Unterwerfung - sei es als Lebensweise oder einfach nur als 'sexuelle Zutat' - und zertreut auf unnachahmliche Weise die negativen, feindseligen Mythen, die sich um S/M ranken.

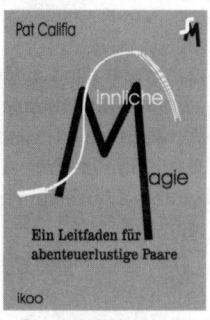

Pat Califia
SINNLICHE MAGIE
176 S., br.
DM/sF 29.80/öS 232.--
ISBN 3-88677-963-7

Das ist kein 'geiles' Buch, sondern ein sensibles literarisches Psychogramm aus der authentischen Erlebniswelt einer Frau - vier Stunden interessante Lesezeit.
Magazin »O«, Solingen

Rinella Tagetes
DIE REGENKÖNIGIN
3. Auflage 161 S., br.
DM 19.80/öS 155.--/sFr 19.80
ISBN 3-88677-946-7

Anhang ist eine ausführliche Auseinandersetzung mit dem Buch von Prof. Dr. F. Peraldi, Universität Montreal, in *Etudes Freudiennes*, einer psychoanalytischen Zeitschrift.

Die Autorin erläutert die verschiedenen Techniken und Methoden der Sklavenerziehung, ohne jemals ins Pornographische abzugleiten.
Sacher, Berlin

Terence Sellers
DER KORREKTE SADISMUS
Das Tagebuch der Angel Stern
6. Aufl. 190 S., illustr.
br. m. Schutzumschlag
DM 28.--/öS 218.--/sFr 28.--
ISBN 3-88677-912-2

Ein Buch der Leidenschaft, in dem sich realistische Darstellungen abwechseln mit Gedankenströmen, Lustschüben und auch Selbstzweifeln. In drei Abschnitten fächert sie ein ganzes Universum menschlicher Beziehungen auf.

Terence Sellers, in einem amerikanischen Kloster erzogen, revoltierte eines Tages gegen die Forderung, ein 'anständiges' Mädchen sein zu müssen und arbeitete sechs Jahre als Domina. So fließen die Erfahrungen des eigenen Lebens ein in die Schilderungen von Begierde und Qual, von Lust und Lieben.
Club Caprice, Stuttgart

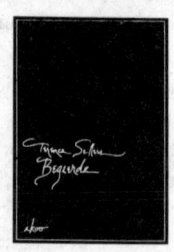

Terence Sellers
BEGIERDE
*Drei Paradigmen
unerreichbarer Liebe*
160 S., br. m. Schutzumschlag
DM 24.80/öS 194.--/sFr 24.80
ISBN 3-88677-938-6

Eine junge Frau, deren erste Falten ihr zum Schicksal werden. Als Fotomodell nicht mehr erfolgreich, entdeckt Florence eine neue Karriere, die der Herrin. Sie begegnet zufällig dem reichen Industriellen Burt, der sie mit einem großzügigen Angebot für seine Veranlagung gewinnt.
Club Caprice, Stuttgart

Gigi Martin
DIE HERRIN
3. Auflage 155 S., br.
DM 19.80/öS 155.--/sFr 19.80
ISBN 3-88677-939-4

Peter Holdersen hat einen Roman geschrieben, der die Beziehung zwischen der älteren, dominanten Verena und dem Studenten Andreas beschreibt. Dabei handelt es sich nicht um die schlichte Darstellung einer Herrin-Sklave-Situation, sondern um die nicht unkomplizierte Entwicklung, die dazu führt. Empfehlenswert für alle, die mehr wollen als nur eine Aneinanderreihung geiler Episoden.
Schlagzeilen, Hamburg

Peter Holdersen
VERENA - DIE ANDERE ART ZU LIEBEN
148 S. br.
DM/sF 19.80/öS 155.--
ISBN 3-88677-959-9

Mit manchmal überraschenden Pointen eine sprachliche Delikatesse besonderer Art. Bellion nimmt die Redenart 'etwas von sich abschütteln' wörtlich und so schüttelt Zattek seine Träume, Phantasien, Wünsche buchstäblich von sich ab. Da liegen sie nun auf der Erde. Und Zattek nimmt einen Besen und kehrt alles weg.
Club Caprice, Stuttgart

Regina Bellion
MARMOR für ZATTEK
149 S., br.
DM 19.80/öS 155.--/sFr 19.80
ISBN 3-88677-956-4

»Sir« John
DIE Q - BRIEFE
*Wahre Geschichten über
Sadomasochismus*
2. Aufl.209 S.,
br.m.Schutzumschl.
DM/sF 29.80/öS 232.--
ISBN 3-88677-957-2

Offen und feinfühlig beschreibt der Autor in allen Einzelheiten die emotionalen und sexuellen Höhepunkte, die sowohl dominante wie auch devote Menschen empfinden. Ein wesentliches Buch in der Reihe solcher Schriften, die sich um Verständnis für die S/M-Szene bemühen.
Club Caprice, Stuttgart

Frank / Gunti
HALLO RITA !
205 S., br., ill.
DM 24.80/öS 194.--/sFr 24.80
ISBN 3-88677-953-X

Was Sie schon immer über Telefonsex wissen wollten - ein Buch faßt es jetzt zusammen und gibt Auskunft darüber, wie Telefonsex funktioniert, welche Kundenwünsche wie befriedigt werden und welche Beziehungen sich zwischen den (eigentlich) anonymen Gesprächspartnern entwickeln können.

Diese Dokumentation, übrigens eine Fundgrube für die Sexualpsychologie, ist ein überaus verdienstvoller Schwerpunkt dieses Buches. Hallo Rita! ist ein neuer Hit des ikoo Verlags, zumal das gesamte Material mit leichter Hand aufbereitet wurde.
Club Caprice, Stuttgart

Larry Townsend
MEISTER
gegen SCHWACHKOPF
223 S., br.
DM 29.80/öS 232.--/sFr 29.80
ISBN 3-88677-954-8

Eine raffinierte Mischung aus Spannung und S/M. Die Mischung, die Townsend dem geeigneten Leser bietet, streift Homosexualität, S/M, Lederrituale, kurze Affären, langfristige Beziehungen.
First, Köln